2023
人類圖
覺察日誌

January ◀ Pro-Liner HD 2023 ▶ July

回到內在權威與策略的日日練習

2022/12/31—2023/7/24

拉·烏盧·胡 Ra Uru Hu ｜ 安娜·查里科娃 Anna Charykova ｜ 尼奇塔·潘克維奇 Nikita Pankevich 著

喬宜思 Joyce Huang 譯

【《人類圖易經》作者簡介】

拉·烏盧·胡（Ra Uru Hu）

人類圖創始人，人類圖系統的傳訊者與教師。

【日誌概念發想設計者簡介】

安娜·查里科娃（Anna Charykova）

俄羅斯人類圖第一階課程引導師、輪迴交叉分析師、個人解讀分析師、生命循環解讀分析師、關係解讀分析師、兒童發展分析師。

尼奇塔·潘克維奇（Nikita Pankevich）

俄羅斯人類圖個人解讀分析師、BG5 解讀分析師。

【譯者簡介】

喬宜思（Joyce Huang）

人類圖分析師。亞洲人類圖學院負責人。人類圖一到七階課程認證講師、人類圖專題工作坊老師。研究人類圖十六年，解讀個案與教學經驗達十二年，翻譯人類圖相關教材與相關著作十餘本。

除了人類圖，最喜歡並擅長即席口譯，對於文字相關工作，一生著迷，接下來的目標是培養更多專業的人類圖分析師與講師，讓更多人能運用人類圖了解自己，善待自己，愛自己。

著有《活出你的天賦才華》、《回到你的內在權威》、《人類圖氣象報告 1：愛自己，別無選擇》、《人類圖氣象報告 2：愛的祕密》、《圖解人類圖：認識 70 張圖，看懂你的人生使用說明書》。

審譯《人類圖：區分的科學》（人類圖國際總部 Jovian Archive 唯一授權定本）。

審定《人類圖，愛、關係與性》。

專屬我的人類圖

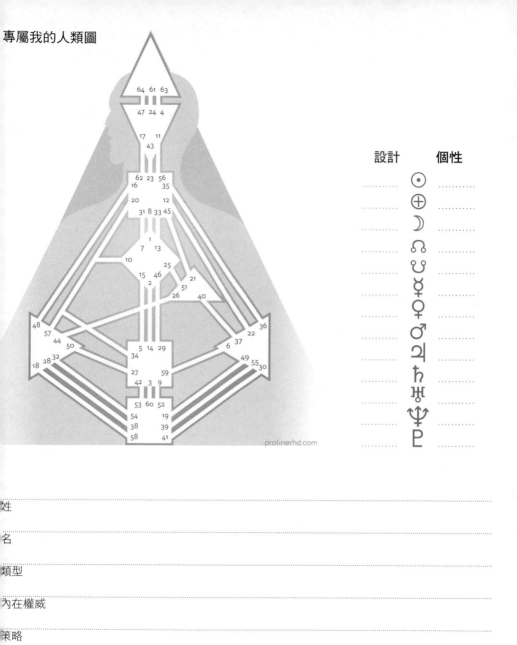

設計　個性

姓

名

類型

內在權威

策略

黑太陽／黑地球

紅太陽／紅地球

我的輪迴交叉

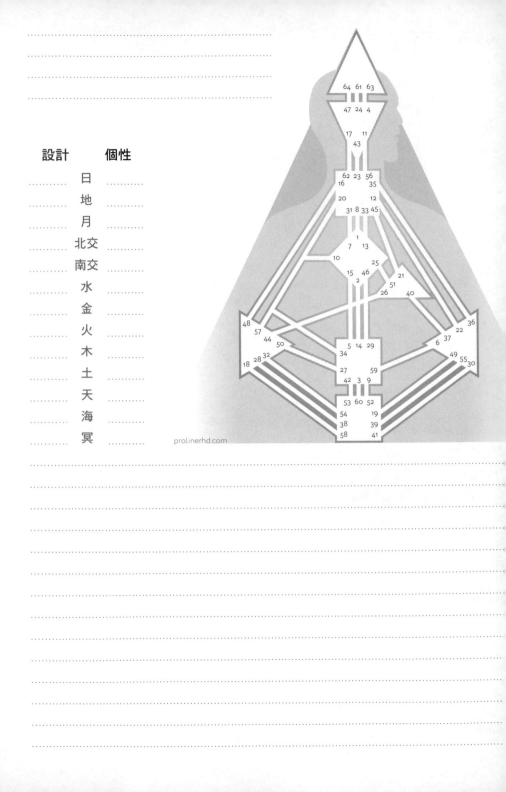

設計　　個性

日
地
月
北交
南交
水
金
火
木
土
天
海
冥

prolinerhd.com

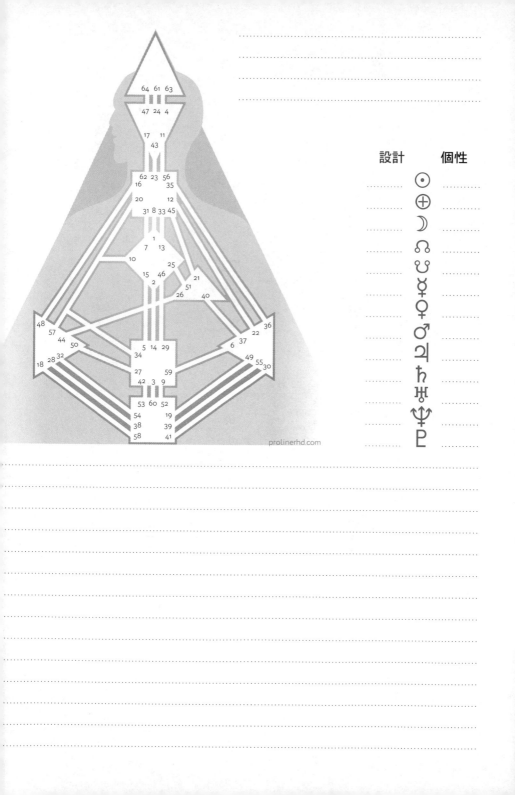

設計　　　個性

2023

1月
日期	星期	月相	卦
1	日		38
2	一		
3	二		
4	三		
5	四		
6	五		54
7	六	滿月	
8	日		
9	一		
10	二		
11	三		61
12	四		
13	五		
14	六		
15	日	下弦月	
16	一		
17	二		60
18	三		
19	四		
20	五		
21	六		
22	日	新月	
23	一		41
24	二		
25	三		
26	四		
27	五		
28	六	上弦月	
29	日		19
30	一		
31	二		

2月
日期	星期	月相	卦
1	三		
2	四		
3	五		13
4	六		
5	日		
6	一	滿月	
7	二		
8	三		49
9	四		
10	五		
11	六		
12	日		
13	一		
14	二	下弦月	30
15	三		
16	四		
17	五		
18	六		
19	日		
20	一	新月	55
21	二		
22	三		
23	四		
24	五		
25	六		37
26	日		
27	一	上弦月	
28	二		

3月
日期	星期	月相	卦
1	三		
2	四		63
3	五		
4	六		
5	日		
6	一	滿月	
7	二	滿月	
8	三		22
9	四		
10	五		
11	六		
12	日		
13	一		
14	二		36
15	三	下弦月	
16	四		
17	五		
18	六		
19	日		
20	一		25
21	二		
22	三	新月	
23	四		
24	五		
25	六		17
26	日		
27	一		
28	二		
29	三	上弦月	
30	四		
31	五		21

4月
日期	星期	月相	卦
1	六		21
2	日		
3	一		
4	二		
5	三		51
6	四	滿月	
7	五		
8	六		
9	日		
10	一		
11	二		42
12	三		
13	四	下弦月	
14	五		
15	六		
16	日		
17	一		3
18	二		
19	三		
20	四	新月	
21	五		
22	六		
23	日		27
24	一		
25	二		
26	三		
27	四		
28	五	上弦月	24
29	六		
30	日		

5月
日期	星期	月相	卦
1	一		24
2	二		
3	三		
4	四		2
5	五		
6	六	滿月	
7	日		
8	一		
9	二		
10	三		23
11	四		
12	五	下弦月	
13	六		
14	日		
15	一		
16	二		8
17	三		
18	四		
19	五	新月	
20	六		
21	日		20
22	一		
23	二		
24	三		
25	四		
26	五		16
27	六	上弦月	
28	日		
29	一		
30	二		
31	三		

6月
日期	星期	月相	卦
1	四		35
2	五		
3	六		
4	日	滿月	
5	一		
6	二		
7	三		
8	四		45
9	五		
10	六		
11	日	下弦月	
12	一		
13	二		
14	三		12
15	四		
16	五		
17	六		
18	日	新月	
19	一		
20	二		15
21	三		
22	四		
23	五		
24	六		
25	日		
26	一	上弦月	52
27	二		
28	三		
29	四		
30	五		

●：新月　◐：上弦月
滿月　下弦月

7月

日	週		卦
1	六		
2	日		39
3	○一		
4	二		
5	三		
6	四		
7	五		
8	六		53
9	日		
10	◐一		
11	二		
12	三		
13	四		
14	五		62
15	六		
16	日		
17	一		
18	●二		
19	三		
20	四		56
21	五		
22	六		
23	日		
24	一		
25	二		
26	◐三		31
27	四		
28	五		
29	六		
30	日		
31	一		

8月

日	週		卦
1	一		
2	○二		33
3	四		
4	五		
5	六		
6	日		7
7	一		
8	◐二		
9	三		
10	四		
11	五		
12	六		4
13	日		
14	一		
15	二		
16	●三		
17	四		
18	五		29
19	六		
20	日		
21	一		
22	二		
23	三		
24	◐四		59
25	五		
26	六		
27	日		
28	一		
29	二		
30	三		40
31	○四		

9月

日	週		卦
1	五		40
2	六		
3	日		
4	一		
5	二		64
6	三		
7	◐四		
8	五		
9	六		
10	日		47
11	一		
12	二		
13	三		
14	四		
15	●五		
16	六		6
17	日		
18	一		
19	二		
20	三		
21	四		
22	五		46
23	◐六		
24	日		
25	一		
26	二		
27	三		18
28	四		
29	○五		
30	六		

10月

日	週		卦
1	日		18
2	一		
3	二		48
4	三		
5	四		
6	◐五		
7	六		
8	日		
9	一		57
10	二		
11	三		
12	四		
13	五		
14	六		
15	●日		32
16	一		
17	二		
18	三		
19	四		
20	五		50
21	六		
22	◐日		
23	一		
24	二		
25	三		
26	四		28
27	五		
28	六		
29	○日		
30	一		
31	二		

11月

日	週		卦
1	三		44
2	四		
3	五		
4	六		
5	◐日		1
6	一		
7	二		
8	三		
9	四		
10	五		
11	六		
12	日		43
13	●一		
14	二		
15	三		
16	四		
17	五		14
18	六		
19	日		
20	◐一		
21	二		
22	三		
23	四		34
24	五		
25	六		
26	日		
27	○一		
28	二		
29	三		9
30	四		

12月

日	週		卦
1	五		9
2	六		
3	日		
4	一		
5	◐二		5
6	三		
7	四		
8	五		
9	六		
10	日		26
11	一		
12	二		
13	●三		
14	四		
15	五		11
16	六		
17	日		
18	一		
19	二		
20	◐三		
21	四		10
22	五		
23	六		
24	日		
25	一		
26	二		58
27	○三		
28	四		
29	五		
30	六		
31	日		38

38.1

對抗
素質

2022/12/31 13:33 TWN

農曆 12/9（六）

24–61　覺察

日	**38.1**	**素質**
地	**39.1**	**脫離**
月	▲**42.4**	中間人
北交	**24.5**	自白
南交	**44.5**	操作
水	**61.4**	探究
金	▲**60.1**	接受
火	▼**16.4**	領導者
木	▲**25.4**	生存
土	**49.4**	平台
天	▼ **2.3**	耐性
海	**36.1**	抗拒
冥	**60.2**	果斷

38.1　**素質**

基於情勢，決定對抗的強度。

♆ ▲ 與超自然力量合頻，確保行動合宜。
　　有如通靈般的天賦，知曉何時該奮戰，以及如何奮戰。

♂ ▼ 傾向對抗，視反對為通則。
　　奮戰是理所當然的準則。

☽3▤
18:22

☽27▤
04:54

2022
12/31
18　　20　　22

Sunday, January 1
midnight　　4　　6　　8

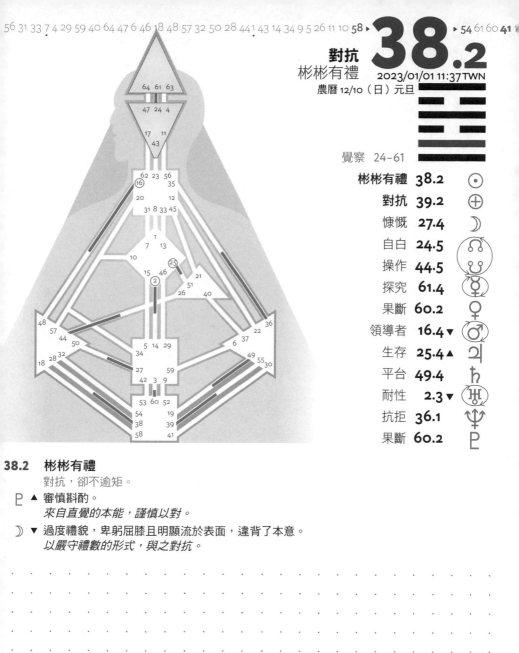

對抗 # 38.2

彬彬有禮

2023/01/01 11:37 TWN

農曆 12/10（日）元旦

覺察 24-61

彬彬有禮	**38.2**	☉
對抗	**39.2**	⊕
慷慨	**27.4**	☽
自白	**24.5**	☊
操作	**44.5**	☋
探究	**61.4**	☿
果斷	**60.2**	♀
領導者	**16.4▼**	♂
生存	**25.4▲**	♃
平台	**49.4**	♄
耐性	**2.3▼**	♅
抗拒	**36.1**	♆
果斷	**60.2**	♇

38.2 彬彬有禮

對抗，卻不逾矩。

♇ ▲ 審慎斟酌。
來自直覺的本能，謹慎以對。

☽ ▼ 過度禮貌，卑躬屈膝且明顯流於表面，違背了本意。
以嚴守禮數的形式，與之對抗。

☽24

15:32 **Monday, January 2**

midnight

☽2

02:16

14   16   18   20   2   4   6

2023 **01/02**

1月

38.3

對抗
結盟

2023/01/02 09:42 TWN

農曆 12/11（一）

24-61   覺察

日	▲	**38.3**	結盟
地	▼	**39.3**	責任
月		**2.5**	靈活應用
北交		**24.5**	自白
南交		**44.5**	操作
水		**61.3**	相互依存
金		**60.3**	保守主義
火	▼	**16.4**	領導者
木	▲	**25.4**	生存
土		**49.4**	平台
天	▼	**2.3**	耐性
海		**36.1**	抗拒
冥		**60.2**	果斷

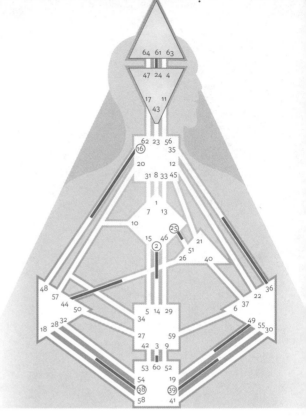

38.3 結盟

⊙ ▲ 能整合志同道合的力量，延續不屈不撓的生命力。
    整合他人，共同奮戰。

⊕ ▼ 基於自私而結盟，為保有自身的實力，不惜耗損夥伴的力量。
    奮鬥的非常時期，自私的能量，為了利用他人。

☽23 ▤   ☽8 ▤

13:06   00:00

Tuesday, January 3

2023
01/02

14   16   18   20   midnight   2   4

1
月

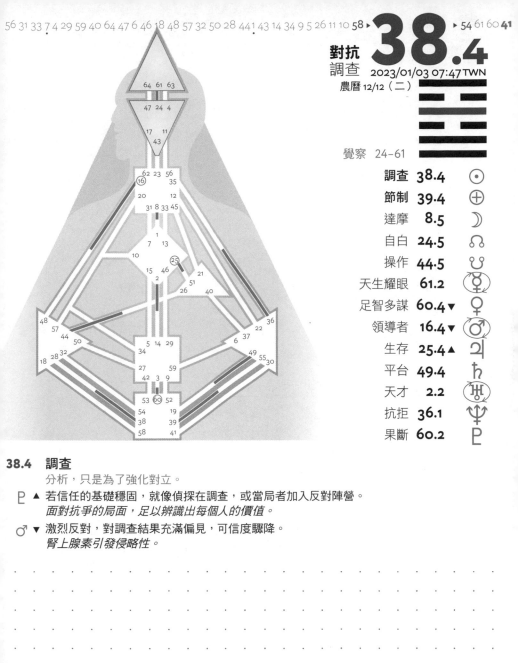

對抗
調查

38.4

2023/01/03 07:47 TWN

農曆 12/12（二）

覺察 24–61

調查	**38.4**	☉
節制	**39.4**	⊕
達摩	**8.5**	☽
自白	**24.5**	☊
操作	**44.5**	☋
天生耀眼	**61.2**	☿
足智多謀	**60.4▼**	♀
領導者	**16.4▼**	♂
生存	**25.4▲**	♃
平台	**49.4**	♄
天才	**2.2**	♅
抗拒	**36.1**	♆
果斷	**60.2**	♇

38.4　調查

　　分析，只是為了強化對立。

♇ ▲ 若信任的基礎穩固，就像偵探在調查，或當局者加入反對陣營。
　　面對抗爭的局面，足以辨識出每個人的價值。

♂ ▼ 激烈反對，對調查結果充滿偏見，可信度驟降。
　　腎上腺素引發侵略性。

☽20 ☷
10:59

☽16 ☶
22:02

Wednesday, January 4
midnight

2023
01/04

1月

10　　12　　14　　16　　18　　20　　2

38.5

對抗
疏離

2023/01/04 05:52 TWN

農曆 12/13（三）

24-61　覺察

日	**38.5**	疏離
地	**39.5**	專心致志
月	▼ **16.5**	聖誕怪傑
北交	**24.5**	自白
南交	**44.5**	操作
水	**61.1**	奧祕知識
金	**60.5**	領導力
火	▼ **16.4**	領導者
木	▲ **25.4**	生存
土	**49.5**	組織
天	**2.2**	天才
海	**36.1**	抗拒
冥	**60.2**	果斷

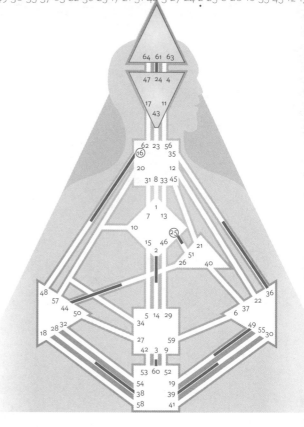

38.5　疏離

獨力對抗，孤身對決。

♄ ▲ 充滿野心與抱負，持久到底。
　　頑固，就算孤軍奮戰，也在所不惜。

♇ ▼ 疏離的體驗，宛如痛苦的分娩，基於本性，就算曾經有人伸出援手，也如眼盲般看不見。
　　非常固執，身處掙扎抗爭之中，看不見有誰會給予援助。

☽35☰　　　　　　　　　　☽45☰　☿54☰　♀41☰
09:09　　　　　　　　　20:18　20:52　00:30

Thursday, January 5

2023
01/04　　midnight

1月

10　　12　　14　　16　　18　　20　　2

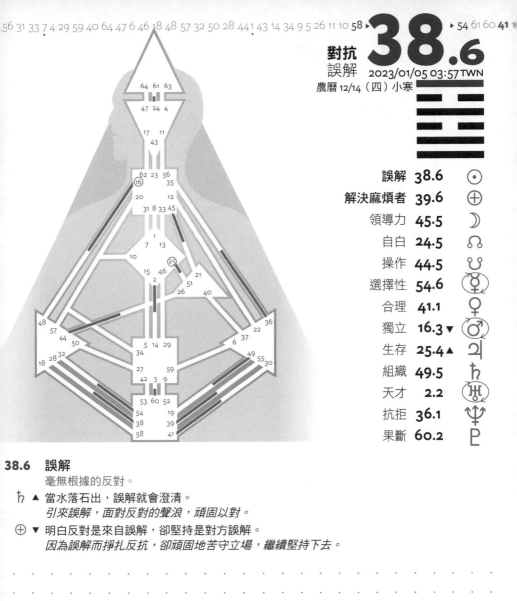

對抗
誤解

38.6

2023/01/05 03:57 TWN
農曆 12/14（四）小寒

誤解	**38.6**	⊙
解決麻煩者	**39.6**	⊕
領導力	**45.5**	☽
自白	**24.5**	☊
操作	**44.5**	☋
選擇性	**54.6**	☿
合理	**41.1**	♀
獨立	**16.3 ▾**	♂
生存	**25.4 ▴**	♃
組織	**49.5**	♄
天才	**2.2**	♅
抗拒	**36.1**	♆
果斷	**60.2**	♇

38.6　誤解

毫無根據的反對。

♄ ▲ 當水落石出，誤解就會澄清。
　　引來誤解，面對反對的聲浪，頑固以對。

⊕ ▼ 明白反對是來自誤解，卻堅持是對方誤解。
　　因為誤解而掙扎反抗，卻頑固地苦守立場，繼續堅持下去。

☽12 ☷
07:30

☽15 ☶
18:45
Friday, January 6
midnight

54.1

少女出嫁
影響

2023/01/06 02:02 TWN

農曆 12/15（五）

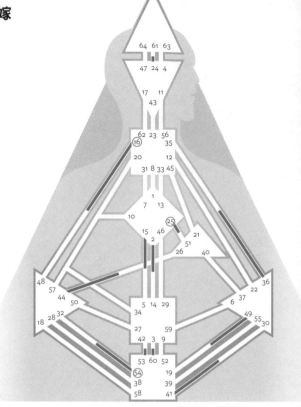

日	**54.1**	**影響**
地	**53.1**	**累積**
月	**15.4**	壁花
北交	**24.5**	自白
南交	**44.5**	操作
水	▲**54.5**	寬大
金	**41.2**	謹慎
火	▼**16.3**	獨立
木	▲**25.4**	生存
土	**49.5**	組織
天	**2.2**	天才
海	**36.1**	抗拒
冥	**60.2**	果斷

54.1 影響

♇ ▲ 透過各種祕密管道，從私家偵探到撒旦，都能散發影響力。
野心勃勃，經由祕密的人際網絡擴張影響力。

♀ ▼ 誤判，堅持將關係公開，削弱影響力。
野心暴露，要求正式承認關係，影響力因而受限。

☾52 06:01

☾39 17:19

Saturday, January 7
midnight

2023 01/06

1月

6 8 10 12 14 16 18

少女出嫁
謹慎

54.2

2023/01/07 00:07 TWN

農曆 12/16（六）

謹慎	**54.2**	☉
氣勢	**53.2**	⊕
節制	**39.4▲**	☽
隱士	**24.4**	☊
誠實	**44.4**	☋
啟蒙／無明	**54.4**	☿
效率	**41.3**	♀
獨立	**16.3▼**	♂
生存	**25.4▲**	♃
組織	**49.5**	♄
天才	**2.2**	♅
抗拒	**36.1**	♆
果斷	**60.2**	♇

54.2　謹慎

♄ ▲ 深具智慧，清楚關係曝光後，無法沿用既定的互利模式。
　　克制激進的野心。

♂ ▼ 獲得正式認可之後，利用之前私下互動時所獲得的資訊，從中獲利。缺乏忠誠。
　　野心勃勃的能量，毫無忠誠可言。

☽53 ䷀
04:39

07:10

☽62 ䷗
15:59

2023
01/07

2　　4　　6　　8　　10　　12　　14　　16　　18

1月

54.3

少女出嫁
動用關係

2023/01/07 22:12 TWN

農曆 12/16（日）

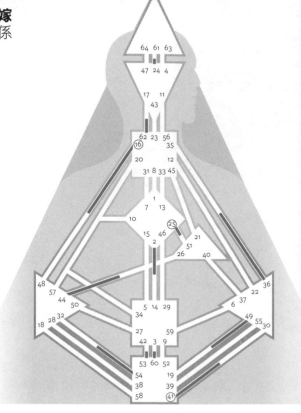

日	54.3	動用關係
地	53.3	實際
月	62.4	苦行主義
北交	24.4	隱士
南交	44.4	誠實
水	54.2	謹慎
金	▼41.4	修正
火	▼16.3	獨立
木	▼25.5	休養
土	49.5	組織
天	2.2	天才
海	36.1	抗拒
冥	60.2	果斷

54.3　動用關係

♇ ▲ 若無法經由正式管道晉升，將孤注一擲，運用祕密或非正式管道，得償宿願。
　　即便受阻，依然充滿野心，轉由祕密手段來推動，動力十足。

♀ ▼ 堅持經由正式管道來解決，不管遭遇多少挫折，皆以吸引力來克服。
　　若野心受阻，就會散發吸引力，克服途中障礙。

☽56 ☰
03:21

☽31 ☰
14:43

Sunday, January 8

midnight　　4　　6　　8　　10　　12　　14　　16　　18

1月

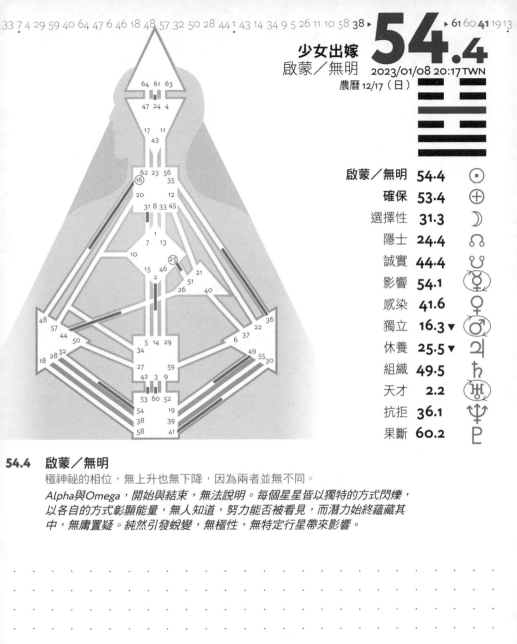

少女出嫁 **54.4**
啟蒙／無明   2023/01/08 20:17 TWN
農曆 12/17（日）

啟蒙／無明	**54.4**	☉
確保	**53.4**	⊕
選擇性	**31.3**	☊
隱士	**24.4**	☋
誠實	**44.4**	☿
影響	**54.1**	♀
感染	**41.6**	♂
獨立	**16.3** ▼	♃
休養	**25.5** ▼	♄
組織	**49.5**	♅
天才	**2.2**	♆
抗拒	**36.1**	♇
果斷	**60.2**	

54.4   啟蒙／無明

極神祕的相位，無上升也無下降，因為兩者並無不同。

Alpha與Omega，開始與結束，無法說明。每個星星皆以獨特的方式閃爍，以各自的方式彰顯能量，無人知道，努力能否被看見，而潛力始終蘊藏其中，無庸置疑。純然引發蛻變，無極性，無特定行星帶來影響。

☽33   ☿38   ♀19   ☽7
02:05   05:35   12:24   13:28

Monday, January 9
midnight

2   4   6   8   10   12   14

2023
01/09
1 月

54.5

2023/01/09 18:22 TWN

少女出嫁
寬大

農曆 12/18（一）

19–49　整合綜效

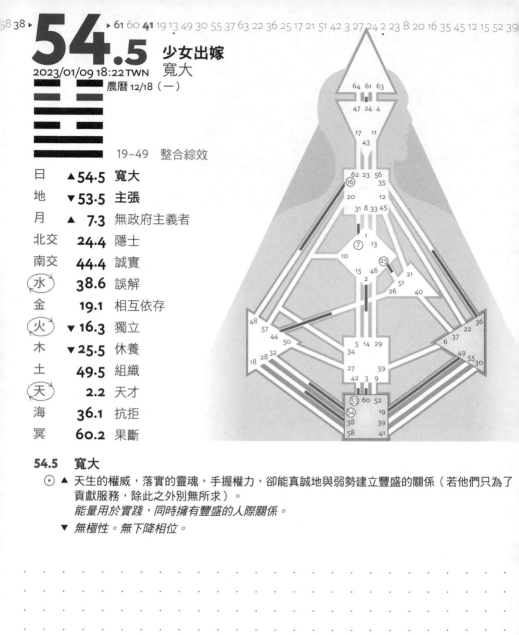

日	▲**54·5**	寬大
地	▼**53·5**	主張
月	▲ **7·3**	無政府主義者
北交	**24·4**	隱士
南交	**44·4**	誠實
水	**38·6**	誤解
金	**19·1**	相互依存
火	▼**16·3**	獨立
木	▼**25·5**	休養
土	**49·5**	組織
天	**2·2**	天才
海	**36·1**	抗拒
冥	**60·2**	果斷

54.5　寬大

⊙ ▲ 天生的權威，落實的靈魂，手握權力，卻能真誠地與弱勢建立豐盛的關係（若他們只為了貢獻服務，除此之外別無所求）。
能量用於實踐，同時擁有豐盛的人際關係。

▼ *無極性。無下降相位。*

☽4 ䷜

00:50

☽29 ䷜

12:11

Tuesday, January 10
midnight

2023
01/09

1月

22　　　4　　6　　8　　10　　12　　14

少女出嫁
選擇性

54.6

2023/01/10 16:27 TWN
農曆 12/19（二）

整合綜效　19–49

選擇性	**54.6**	☉
逐步進行	**53.6**	⊕
評估	**29.3**	☽
隱士	**24.4**	☊
誠實	**44.4**	☋
疏離	**38.5**	☿
服務	**19.2**	♀
獨立	**16.3 ▼**	♂
休養	**25.5 ▼**	♃
組織	**49.5**	♄
天才	**2.2**	♅
抗拒	**36.1**	♆
果斷	**60.2**	♇

54.6　選擇性

♄ ▲ 根深柢固的責任，為維護安全與個人定位，自然而然對關係設限，僅與互利的對象往來。
　　若關係網絡對其野心造成阻礙，在能量上會形成限制。

♃ ▼ 大致來說，善良與開朗的本性，認為自己能補足合作夥伴的缺失。浪費精神。
　　保有心懷不軌的人際網絡，是浪費能量的行為。

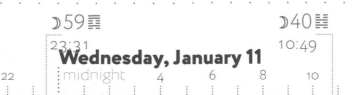

☽59　23:31

☽40　10:49

Wednesday, January 11

midnight　　　4　　　6　　　8　　　10

20　　　22

2023
01/11

1月

61.1

內在真理
奧祕知識

2023/01/11 14:33 TWN

農曆 12/20（三）

19-49	整合綜效	
24-61	覺察	

日	**61.1**	奧祕知識
地	**62.1**	例行程序
月	▼**40.2**	堅定
北交	**24.3**	上癮者
南交	**44.3**	干預
水	**38.3**	結盟
金	▲ **19.3**	奉獻
火	▼ **16.3**	獨立
木	▼**25.5**	休養
土	**49.5**	組織
天	**2.2**	天才
海	**36.1**	抗拒
冥	**60.2**	果斷

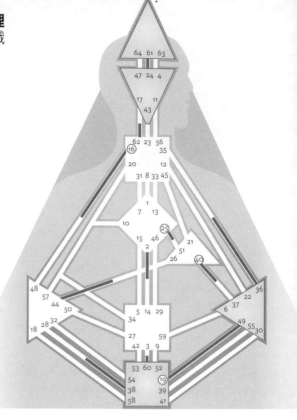

61.1 奧祕知識

♆ ▲ 天生的通靈能力，強化普世原則。
內在渴望經由祕傳之道，知曉奧祕。

♀ ▼ 仰賴神祕知識，要求抽離與苦行，最後終究隱晦難明。
渴望知曉奧祕帶來極大壓力，最後無法應付現實的世界。

☽64 ䷚
22:05

☽47 ䷶
09:17

Thursday, January 12
midnight

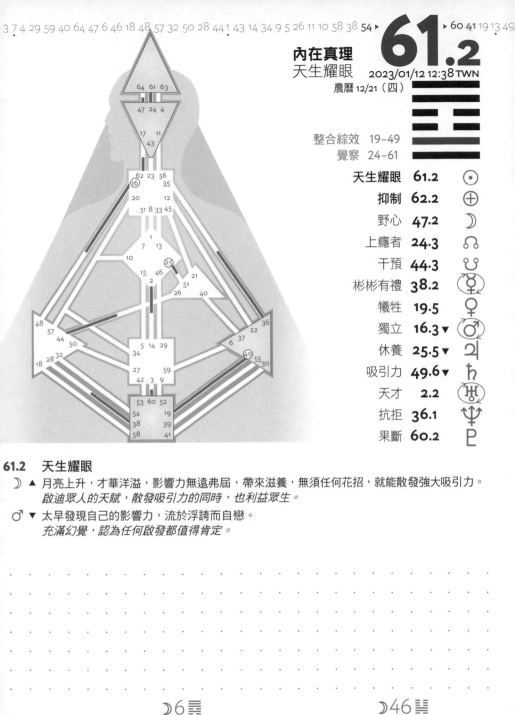

內在真理 **61.2**
天生耀眼 2023/01/12 12:38 TWN
農曆 12/21（四）

整合綜效 19-49
覺察 24-61

天生耀眼	**61.2**	☉
抑制	**62.2**	⊕
野心	**47.2**	☾
上癮者	**24.3**	☊
干預	**44.3**	☋
彬彬有禮	**38.2**	☿
犧牲	**19.5**	♀
獨立	**16.3**▼	♂
休養	**25.5**▼	♃
吸引力	**49.6**▼	♄
天才	**2.2**	♅
抗拒	**36.1**	♆
果斷	**60.2**	♇

61.2 天生耀眼

☽ ▲ 月亮上升，才華洋溢，影響力無遠弗屆，帶來滋養，無須任何花招，就能散發強大吸引力。
啟迪眾人的天賦，散發吸引力的同時，也利益眾生。

♂ ▼ 太早發現自己的影響力，流於浮誇而自戀。
充滿幻覺，認為任何啟發都值得肯定。

☾6 ☰
20:26

☾46 ☷
07:31

Friday, January 13
midnight

16   18   20   22   4   6   8

2023 **01/13**
1月

61.3

2023/01/13 10:43 TWN

農曆 12/22（五）

內在真理
相互依存

19-49	整合綜效	
24-61	覺察	

日	**61.3**	**相互依存**
地	**62.3**	探索
月	**46.2**	自命不凡
北交	**24.3**	上癮者
南交	**44.3**	干預
水	**38.1**	素質
金	**19.6**	遁世者
火	▼**16.3**	獨立
木	▼**25.5**	休養
土	▼**49.6**	吸引力
天	**2.2**	天才
海	**36.1**	抗拒
冥	**60.2**	果斷

61.3 相互依存

真理若無人能懂，極為困難。

☾ ▲ 為求真理得以實現，具備建立關係的能力，以滋養與保護的力量，建構出穩定的環境，從中持續成長。
經由合作，求知的壓力更為迫切。

♂ ▼ 豐沛的能量，確實掌握真理，傾向將他人拋諸腦後，或者被抗拒、被排擠。
對他人缺乏耐心，放棄繼續經營這段關係。

☾18䷜

18:31

♀13䷂   ☾48䷯

00:23   05:25

Saturday, January 14
midnight

2023
01/13

1月

14   16   18   20   2   4   6

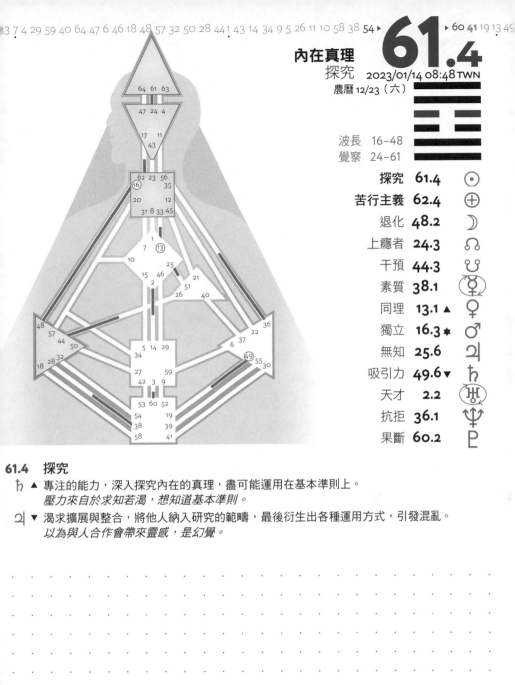

61.4

內在真理
探究 2023/01/14 08:48 TWN
農曆 12/23（六）

波長 16-48
覺察 24-61

探究	**61.4**	☉
苦行主義	**62.4**	⊕
退化	**48.2**	☽
上癮者	**24.3**	☊
干預	**44.3**	☋
素質	**38.1**	☿
同理	**13.1** ▲	♀
獨立	**16.3** ✷	♂
無知	**25.6**	♃
吸引力	**49.6** ▼	♄
天才	**2.2**	♅
抗拒	**36.1**	♆
果斷	**60.2**	♇

61.4 探究

♄ ▲ 專注的能力，深入探究內在的真理，盡可能運用在基本準則上。
壓力來自於求知若渴，想知道基本準則。

♃ ▼ 渴求擴展與整合，將他人納入研究的範疇，最後衍生出各種運用方式，引發混亂。
以為與人合作會帶來靈感，是幻覺。

☿58 ☷ ☽57 ☷
15:12 16:12

☽32 ☶
02:52

Sunday, January 15
midnight

12   14   16   18   20   2   4

01/15
2023
1月

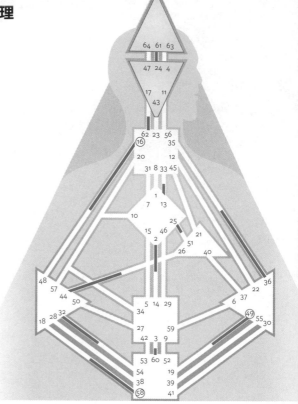

61.5

內在真理
影響

2023/01/15 06:54 TWN

農曆 12/24（日）

24-61　覺察

日	**61.5**	**影響**
地	**62.5**	**質變**
月	**32.3**	缺乏連續性
北交	**24.3**	上癮者
南交	**44.3**	干預
水	▼**58.6**	忘形
金	**13.2**	偏執
火	▼**16.3**	獨立
木	**25.6**	無知
土	▼**49.6**	吸引力
天	**2.2**	天才
海	**36.1**	抗拒
冥	**60.2**	果斷

61.5　影響

ħ ▲ 開明的父親，具有公認的智慧，運用影響力，足以形塑整個世代。
　　求知的渴望帶來壓力，也因而造就智慧與影響力。

♂ ▼ 掌權的傾向，強制眾人遵從，確保獲得長久的影響力。
　　伴隨覺知而來的壓力，對挑戰心懷憤恨，要求全盤接受。

☽50 ☽28

10:13　13:25　23:50

2023
01/15

Monday, January 16
midnight

10　12　14　16　18　20　2

1月

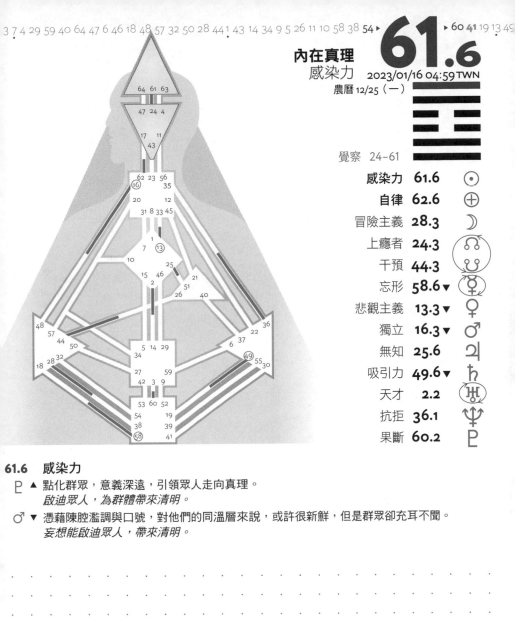

61.6

內在真理
感染力

2023/01/16 04:59 TWN
農曆 12/25（一）

覺察　24-61

感染力	**61.6**	⊙
自律	**62.6**	⊕
冒險主義	**28.3**	☽
上癮者	**24.3**	☊
干預	**44.3**	☋
忘形	**58.6**▼	☿
悲觀主義	**13.3**▼	♀
獨立	**16.3**▼	♂
無知	**25.6**	♃
吸引力	**49.6**▼	♄
天才	**2.2**	♅
抗拒	**36.1**	♆
果斷	**60.2**	♇

61.6　感染力

♇ ▲ 點化群眾，意義深遠，引領眾人走向真理。
　　啟迪眾人，為群體帶來清明。

♂ ▼ 憑藉陳腔濫調與口號，對他們的同溫層來說，或許很新鮮，但是群眾卻充耳不聞。
　　妄想能啟迪眾人，帶來清明。

☽44 ☰
10:06

☽1 ☰
20:14

Tuesday, January 17
midnight

8　　10　　12　　14　　16　　18　　20

1 月

60.1

極限
接受

2023/01/17 03:04 TWN
農曆 12/26（二）

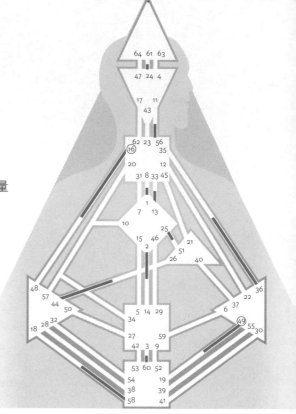

日	**60.1**	**接受**
地	**56.1**	**質量**
月	**1.5**	吸引社會大眾的能量
北交	**24.3**	上癮者
南交	**44.3**	干預
水	**58.5**	防禦
金	**13.5**	救世主
火	▼ **16.3**	獨立
木	**25.6**	無知
土	▼**49.6**	吸引力
天	**2.2**	天才
海	**36.1**	抗拒
冥	**60.2**	果斷

60.1 接受

♀ ▲ 面對外界限制的衝擊，保有內在和諧的能力。
    以和諧的能量，來處理外來的種種限制。

☿ ▼ 處處受限，渴望追求多樣化的驅動力，令人焦躁不安又激動。
    面對外在限制，產生焦躁的能量。

☽43 ☰
06:13

☽14 ☷
16:04

2023
01/17

Wednesday, January 1
midnig

6   8   10   12   14   16   18   20

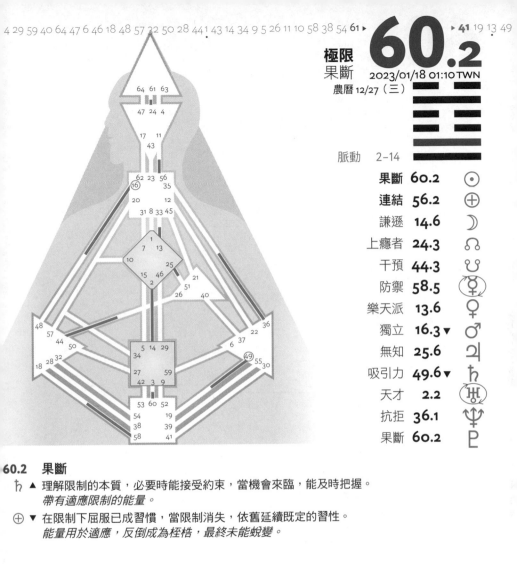

極限
果斷

60.2

2023/01/18 01:10 TWN
農曆 12/27（三）

脈動	2-14	
果斷	**60.2**	☉
連結	**56.2**	⊕
謙遜	**14.6**	☽
上癮者	**24.3**	☊
干預	**44.3**	☋
防禦	**58.5**	♀̇
樂天派	**13.6**	♀
獨立	**16.3 ▼**	♂
無知	**25.6**	♃
吸引力	**49.6 ▼**	♄
天才	**2.2**	♅
抗拒	**36.1**	♆
果斷	**60.2**	♇

60.2 果斷

♄ ▲ 理解限制的本質，必要時能接受約束，當機會來臨，能及時把握。
　　帶有適應限制的能量。

⊕ ▼ 在限制下屈服已成習慣，當限制消失，依舊延續既定的習性。
　　能量用於適應，反倒成為桎梏，最終未能蛻變。

☽34 ䷗ 01:46　　　☽9 ䷩ 11:20　　　♀49 ䷰ 12:27　　　☽5 ䷙ 20:46

2023 **01/18**

1月

4　　6　　8　　10　　12　　14　　16　　18　　20

60.3

極限
保守主義

2023/01/18 23:15 TWN
農曆 12/27（三）

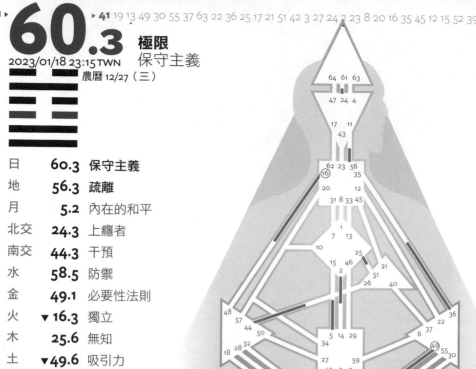

日	**60.3**	保守主義
地	**56.3**	疏離
月	**5.2**	內在的和平
北交	**24.3**	上癮者
南交	**44.3**	干預
水	**58.5**	防禦
金	**49.1**	必要性法則
火	▼**16.3**	獨立
木	**25.6**	無知
土	▼**49.6**	吸引力
天	**2.2**	天才
海	**36.1**	抗拒
冥	**60.2**	果斷

60.3　保守主義

♄ ▲ 開悟之後明白唯有利己，才能處理諸多束縛與限制，確保自我定位與安全。
　　儘管面對限制，還是能保有自我定位與安全。

♂ ▼ 為了滿足我執，面對限制視而不見，可預見將為此受苦。
　　面對限制，選擇忽略，將為此付出代價。

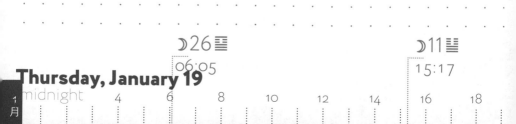

☽26 ☰　06:05

☽11 ☷　15:17

Thursday, January 19
midnight

1月　　　4　　6　　8　　10　　12　　14　　16　　18

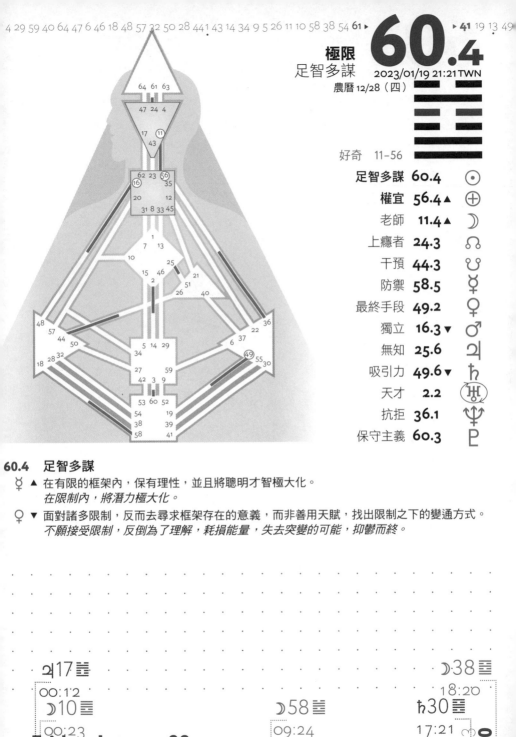

極限 **60.4**
足智多謀
2023/01/19 21:21 TWN
農曆 12/28（四）

好奇　11–56

足智多謀	**60.4**	☉
權宜	**56.4▲**	⊕
老師	**11.4▲**	☽
上癮者	**24.3**	☊
干預	**44.3**	☋
防禦	**58.5**	☿
最終手段	**49.2**	♀
獨立	**16.3▼**	♂
無知	**25.6**	♃
吸引力	**49.6▼**	♄
天才	**2.2**	♅
抗拒	**36.1**	♆
保守主義	**60.3**	♇

60.4　足智多謀

☿ ▲ 在有限的框架內，保有理性，並且將聰明才智極大化。
　　在限制內，將潛力極大化。

♀ ▼ 面對諸多限制，反而去尋求框架存在的意義，而非善用天賦，找出限制之下的變通方式。
　　不願接受限制，反倒為了理解，耗損能量，失去突變的可能，抑鬱而終。

♃17　00:12
☽10　00:23
Friday, January 20
midnight　4　6　8

☽58　09:24

☽38　18:20
♄30　17:21

2023 01/20
1月

60.5

極限
領導力

2023/01/20 19:27 TWN

農曆 12/29（五）大寒

日	**60.5**	領導力
地	**56.5**	吸引注意力
月	**38.1**	素質
北交	**24.3**	上癮者
南交	**44.3**	干預
水	**58.5**	防禦
金	**49.4**	平台
火	▼ **16.3**	獨立
木	**17.1**	開放
土	**30.1**	沉著
天	**2.2**	天才
海	**36.1**	抗拒
冥	**60.3**	保守主義

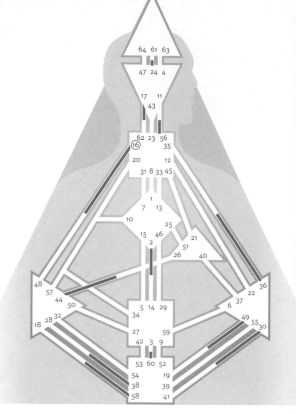

60.5 領導力

♆ ▲ 察覺到拆解既定限制的同時，也創造出全新的限制。
有能力在人生中掌握，並處理限制，完整經歷這一切。

♃ ▼ 天生渴望向外擴展，然而限制有其必要性，否則一開始就會衍生困惑。
向外擴張的能量，無法處理各種限制。

☽54☷ 03:12
☽61☷ 12:02

Saturday, January 21
midnight   4   6   8   10   12   14

2023
01/20

1月

極限 **60.6**
剛硬 2023/01/21 17:33 TWN
農曆 12/30（六）除夕

覺察 24-61

剛硬	**60.6**	☉
謹慎	**56.6**	⊕
探究	**61.4**	☾
上癮者	**24.3**	☊
干預	**44.3**	☋
忘形	**58.6▾**	☿
組織	**49.5**	♀
領導者	**16.4▾**	♂
開放	**17.1**	♃
沉著	**30.1**	♄
天才	**2.2**	♅
抗拒	**36.1**	♆
保守主義	**60.3**	♇

60.6　剛硬

♅ ▲ 聰明的直覺足以辨識出，何時該強硬、堅持到底，但若能搭配創新的做法，就能減輕嚴峻的程度。
一股穩定的能量，具有不尋常的約束力。

☿ ▾ 以教條、有原則的方式，加上縝密合理的理解，嚴謹的程度不容置喙，在執行與運作層面，冷酷嚴峻，面對限制，秉持嚴苛的態度，毫不妥協。
以嚴苛的態度接受限制，但絕不妥協，面對限制，感到無法忍受，導致長期憂鬱。

☾60䷗　☾41䷂　☾19䷒
20:50　04:56　05:36　14:23

Sunday, January 22
midnight

20　22　4　6　8　10　12

41.1

減少
合理

2023/01/22 15:39 TWN

農曆 1/1（日）春節、人類圖新年

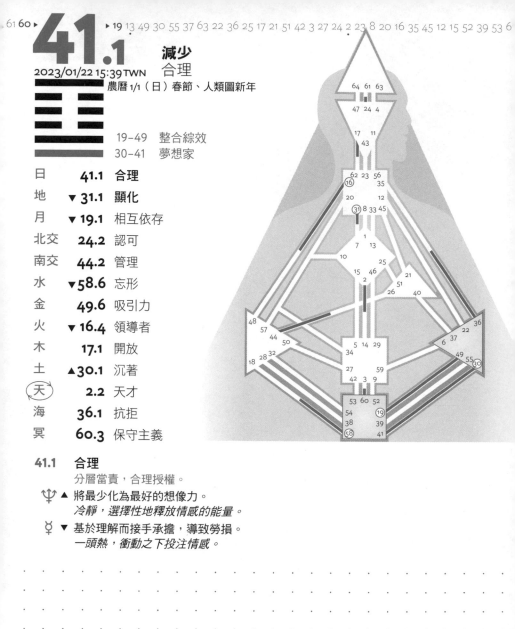

19-49　整合綜效
30-41　夢想家

日		**41.1**	**合理**
地	▼	**31.1**	**顯化**
月	▼	**19.1**	相互依存
北交		**24.2**	認可
南交		**44.2**	管理
水	▼	**58.6**	忘形
金		**49.6**	吸引力
火	▼	**16.4**	領導者
木		**17.1**	開放
土	▲	**30.1**	沉著
天		**2.2**	天才
海		**36.1**	抗拒
冥		**60.3**	保守主義

41.1　合理

分層當責，合理授權。

♆ ▲ 將最少化為最好的想像力。
冷靜，選擇性地釋放情感的能量。

☿ ▼ 基於理解而接手承擔，導致勞損。
一頭熱，衝動之下投注情感。

☽13☰ 23:11
♀30☰ 00:38
☽49☰ 07:59

Monday, January 23
midnight

2023
01/22

1月

20　22　midnight　4　6　8　10

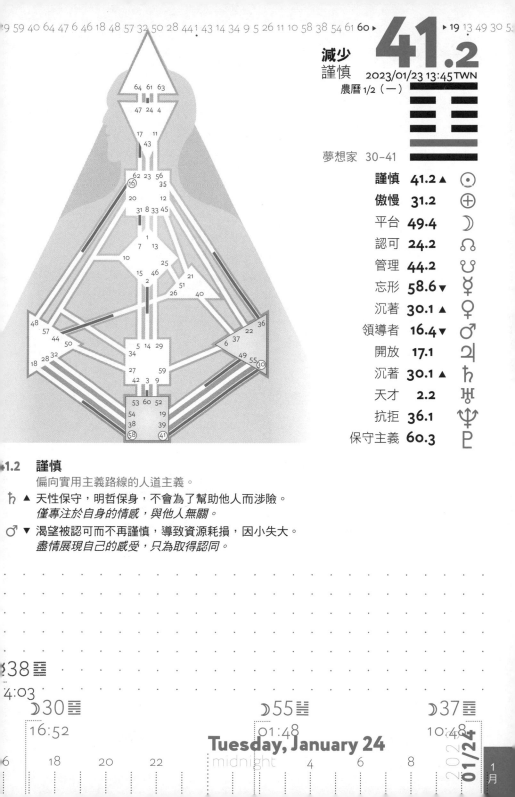

41.2

減少
謹慎　2023/01/23 13:45 TWN
農曆 1/2（一）

夢想家　30−41

謹慎	**41.2** ▲	☉
傲慢	**31.2**	⊕
平台	**49.4**	☽
認可	**24.2**	☊
管理	**44.2**	☋
忘形	**58.6** ▼	☿
沉著	**30.1** ▲	♀
領導者	**16.4** ▼	♂
開放	**17.1**	♃
沉著	**30.1** ▲	♄
天才	**2.2**	♅
抗拒	**36.1**	♆
保守主義	**60.3**	♇

41.2　謹慎

偏向實用主義路線的人道主義。

♄ ▲ 天性保守，明哲保身，不會為了幫助他人而涉險。
　　僅專注於自身的情感，與他人無關。

♂ ▼ 渴望被認可而不再謹慎，導致資源耗損，因小失大。
　　盡情展現自己的感受，只為取得認同。

38
4:03

☽**30**
16:52

☽**55**
01:48

☽**37**
10:48

Tuesday, January 24
midnight

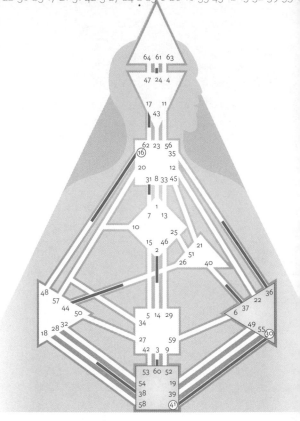

41.3

減少
效率

2023/01/24 11:52 TWN

農曆 1/3（二）

30-41　夢想家

日	▲ **41.3**	**效率**
地	**31.3**	**選擇性**
月	**37.1**	母親／父親
北交	**24.2**	認可
南交	**44.2**	管理
水	**38.1**	素質
金	▲**30.2**	實用主義
火	▼**16.4**	領導者
木	**17.1**	開放
土	▲**30.1**	沉著
天	**2.2**	天才
海	**36.1**	抗拒
冥	**60.3**	保守主義

41.3　效率

減損之際，自私很合理。

♄ ▲ 物質層面的野心，就算獨自行動也無妨。
為了個人野心，感覺強烈像火在燒。

☽ ▼ 出於本能而伸出援手，令人欽佩，但位於誤導的相位，以致兩人快速加倍耗損資源。
渴望分享的動力。

☽63☷
19:54

☽22☷
05:06

Wednesday, January 25
midnight

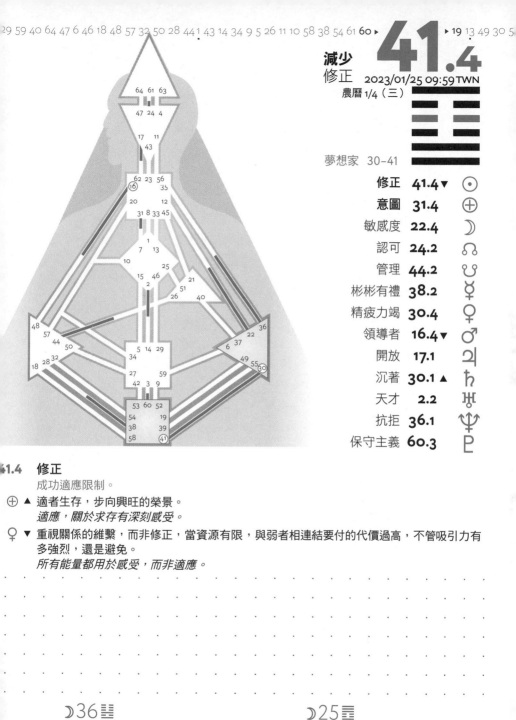

減少
修正

41.4

2023/01/25 09:59 TWN

農曆 1/4（三）

夢想家　30-41

修正	**41.4▼**	☉
意圖	**31.4**	⊕
敏感度	**22.4**	☽
認可	**24.2**	☊
管理	**44.2**	☋
彬彬有禮	**38.2**	☿ ♀
精疲力竭	**30.4**	
領導者	**16.4▼**	♂ ♃
開放	**17.1**	
沉著	**30.1▲**	♄ ♅
天才	**2.2**	
抗拒	**36.1**	♆ ♇
保守主義	**60.3**	

41.4　修正

成功適應限制。

⊕ ▲ 適者生存，步向興旺的榮景。
適應，關於求存有深刻感受。

♀ ▼ 重視關係的維繫，而非修正，當資源有限，與弱者相連結要付的代價過高，不管吸引力有多強烈，還是避免。
所有能量都用於感受，而非適應。

☽36 14:25　　☽25 23:51

Thursday, January 26
midnight

14　16　18　20　2　4

41.5

減少
授權

2023/01/26 08:06 TWN

農曆 1/5（四）

30-41　夢想家

日	▼	**41.5**	**授權**	
地		**31.5**	自以為是	
月		**25.6**	無知	
北交		**24.2**	認可	
南交		**44.2**	管理	
水		**38.2**	彬彬有禮	
金		**30.5**	諷刺	
火	▼	**16.4**	領導者	
木		**17.2**	歧視	
土	▲	**30.1**	沉著	
天		**2.2**	天才	
海		**36.1**	抗拒	
冥		**60.3**	保守主義	

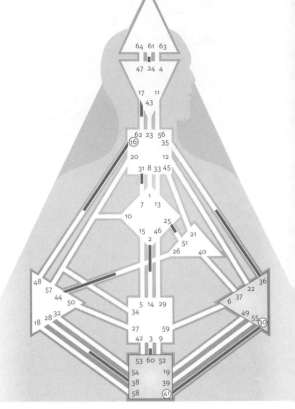

41.5　授權

就算有諸多限制，外界依然認可其潛能。

♂ ▲ 若成為適當的管道，能量有其價值。
為接收的感覺添加燃料，不顧限制。

♀ ▼ 已獲得支持，若還是對限制感到不滿，將對發展造成阻礙。
諸多限制點燃負面情緒。

☽17 ䷂
09:35

☽21 ䷜
19:07

☽51 ䷲
04:58

Friday, January 27
midnight

2023 01/26
1月 12 14 16 18 20 2 4

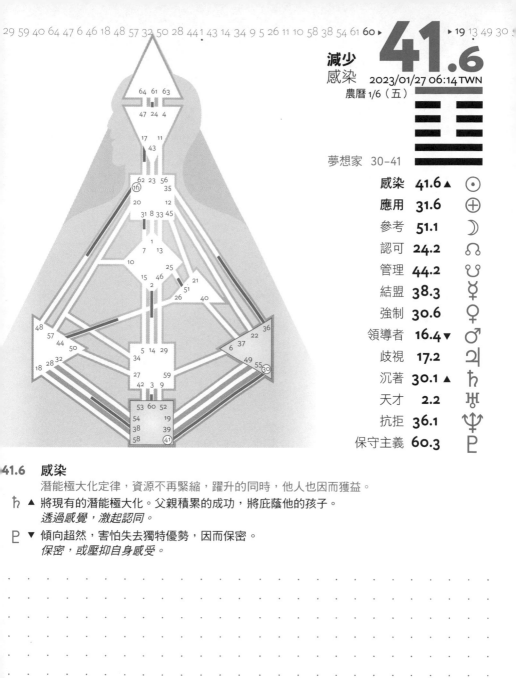

減少
感染

41.6

2023/01/27 06:14 TWN

農曆 1/6（五）

夢想家 30-41

感染	**41.6** ▲	☉
應用	**31.6**	⊕
參考	**51.1**	☽
認可	**24.2**	☊
管理	**44.2**	☋
結盟	**38.3**	☿ ♀
強制	**30.6**	♀
領導者	**16.4** ▼	♂ ♃
歧視	**17.2**	♃
沉著	**30.1** ▲	♄ ♅
天才	**2.2**	♆
抗拒	**36.1**	♆
保守主義	**60.3**	♇

41.6 感染

潛能極大化定律，資源不再緊縮，躍升的同時，他人也因而獲益。

♄ ▲ 將現有的潛能極大化。父親積累的成功，將庇蔭他的孩子。
透過感覺，激起認同。

♇ ▼ 傾向超然，害怕失去獨特優勢，因而保密。
保密，或壓抑自身感受。

♀55▤
12:58

☽42▤
14:57

Saturday, January 28
midnight

☽3▤
01:06
2023
01/28

19.1

2023/01/28 04:22 TWN

靠攏
相互依存

農曆 1/7（六）

3-60　突變

日	▲ **19.1**	相互依存
地	**33.1**	逃避
月	**3.2**	未成熟
北交	**24.2**	認可
南交	**44.2**	管理
水	**38.4**	調查
金	▼ **55.1**	合作
火	▼ **16.4**	領導者
木	**17.2**	歧視
土	**30.1**	沉著
天	**2.2**	天才
海	**36.1**	抗拒
冥	**60.3**	保守主義

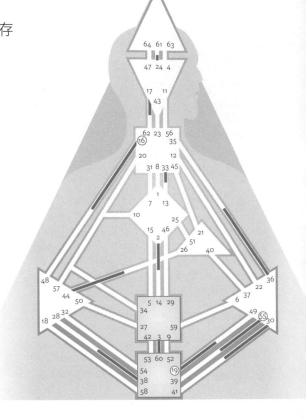

19.1　相互依存

⊙ ▲ 成功的拉攏，無須為了融入而放棄個體性。
為了滿足需求，難免備感壓力，但是不必為了取得認同，而失去自我。

☽ ▼ 加入之後，為求持續發展，反覆思量，深陷其中無法自拔。
獲得認同，為了滿足各方需求而備感壓力，但不會失去自我。

☽ 27 11:23

☽ 24 21:49

23:20

Sunday, January 29
midnight

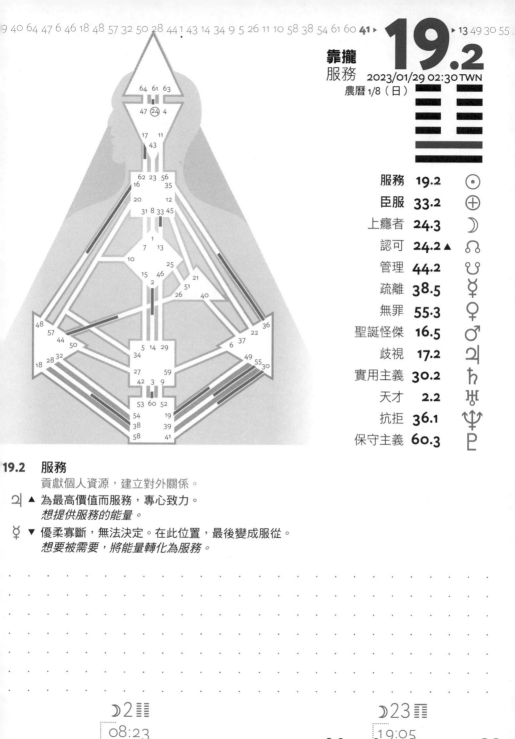

靠攏 **19.2**
服務 2023/01/29 02:30 TWN
農曆 1/8（日）

服務	**19.2**	⊙
臣服	**33.2**	⊕
上癮者	**24.3**	☽
認可	**24.2** ▲	☊
管理	**44.2**	☋
疏離	**38.5**	☿
無罪	**55.3**	♀
聖誕怪傑	**16.5**	♂
歧視	**17.2**	♃
實用主義	**30.2**	♄
天才	**2.2**	♅
抗拒	**36.1**	♆
保守主義	**60.3**	♇

19.2　服務

貢獻個人資源，建立對外關係。

♃ ▲ 為最高價值而服務，專心致力。
　　想提供服務的能量。

☿ ▼ 優柔寡斷，無法決定。在此位置，最後變成服從。
　　想要被需要，將能量轉化為服務。

☽2
08:23

☽23
19:05

Monday, January 30
midnight

6　　8　　10　　12　　14　　16　　18　　20
月

19.3

靠攏
奉獻

2023/01/30 00:39 TWN

農曆 1/9（一）

日	**19.3**	奉獻
地	**33.3**	精神
月	**23.4**	分裂
北交	**24.2**	認可
南交	**44.2**	管理
水	**38.6**	誤解
金	**55.4**	同化
火	**16.5**	聖誕怪傑
木	**17.2**	歧視
土	**30.2**	實用主義
天	**2.2**	天才
海	**36.1**	抗拒
冥	**60.3**	保守主義

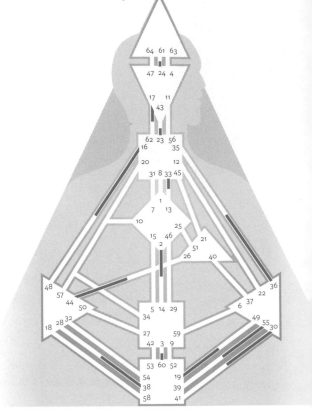

19.3 奉獻

接受靠攏之後，須時時保持警覺，才會長久。

♀ ▲ 持續往來，自然自在。
被他人接受，引發內在的感性與自在。

☽ ▼ 情緒化的傾向，可能會導致粗心大意。
由於過度敏感，封閉自己被需要的需求。

☽ 8 ䷜
05:54

♀ 54 ䷜
14:09

☽ 20 ䷳
16:50

2023
01/30
1月

4　　6　　8　　10　　12　　14　　16　　18　　20

19.4

靠攏
團隊合作　2023/01/30 22:48 TWN
農曆 1/9（一）

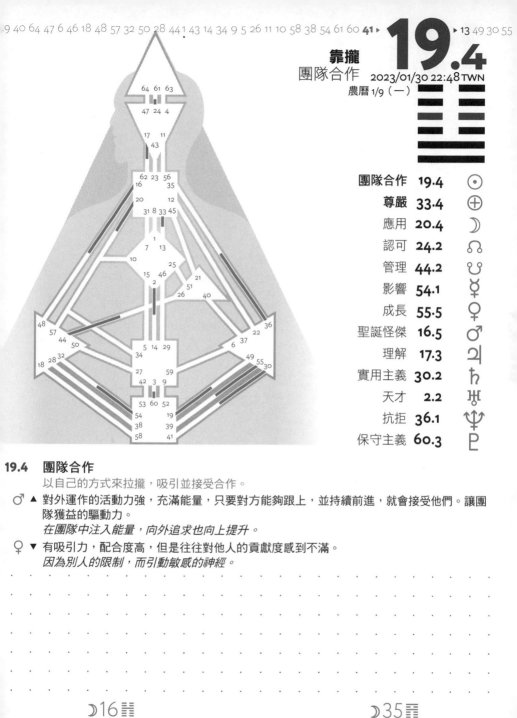

團隊合作	**19.4** ⊙
尊嚴	**33.4** ⊕
應用	**20.4** ☽
認可	**24.2** ☊
管理	**44.2** ☋
影響	**54.1** ☿
成長	**55.5** ♀
聖誕怪傑	**16.5** ♂
理解	**17.3** ♃
實用主義	**30.2** ♄
天才	**2.2** ♅
抗拒	**36.1** ♆
保守主義	**60.3** ♇

19.4　團隊合作

以自己的方式來拉攏，吸引並接受合作。

♂ ▲ 對外運作的活動力強，充滿能量，只要對方能夠跟上，並持續前進，就會接受他們。讓團隊獲益的驅動力。
在團隊中注入能量，向外追求也向上提升。

♀ ▼ 有吸引力，配合度高，但是往往對他人的貢獻度感到不滿。
因為別人的限制，而引動敏感的神經。

☽16 ☷
03:51

☽35 ☷
14:58

Tuesday, January 31
midnight　　4　　6　　8　　10　　12　　14　　16　　18

2023
01/31
1月

19.5

靠攏
犧牲

2023/01/31 20:58 TWN

農曆 1/10（二）

≣≣

35-36　無常

日	**19.5**	**犧牲**
地	**33.5**	**時機**
月	▲**35.4**	渴望
北交	**24.2**	認可
南交	**44.2**	管理
水	**54.2**	謹慎
金	**55.6**	自私
火	**16.5**	聖誕怪傑
木	**17.3**	理解
土	**30.2**	實用主義
天	**2.2**	天才
海	★**36.2**	支持
冥	**60.3**	保守主義

19.5　犧牲

需要犧牲小我，才能完成大我。

⊕ ▲ 自我約束的天性。
　　限制個人的感性面。

♃ ▼ 傾向犧牲，卻感到不值。
　　犧牲久了，可能會導致麻木。

♀37≣　☽45≣　　　☽12≣
01:29　02:09　　　13:23

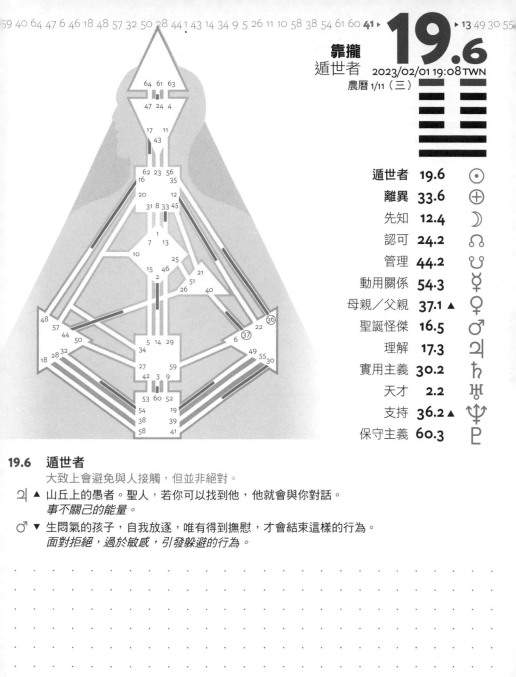

靠攏
遁世者

19.6

2023/02/01 19:08 TWN
農曆 1/11（三）

遁世者	**19.6**	☉
離異	**33.6**	⊕
先知	**12.4**	☽
認可	**24.2**	☊
管理	**44.2**	☋
動用關係	**54.3**	☿
母親／父親	**37.1** ▲	♀
聖誕怪傑	**16.5**	♂
理解	**17.3**	♃
實用主義	**30.2**	♄
天才	**2.2**	♅
支持	**36.2**▲	♆
保守主義	**60.3**	♇

19.6　遁世者

　　大致上會避免與人接觸，但並非絕對。

♃ ▲ 山丘上的愚者。聖人，若你可以找到他，他就會與你對話。
　　事不關己的能量。

♂ ▼ 生悶氣的孩子，自我放逐，唯有得到撫慰，才會結束這樣的行為。
　　面對拒絕，過於敏感，引發躲避的行為。

☽15 ䷑
00:41
Thursday, February 2
midnight

☽52 ䷕
12:00

2月

2023
02/02

22　　　　4　　6　　8　　10　　12　　14

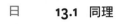

13.1

夥伴關係
同理

2023/02/02 17:18 TWN

農曆 1/12（四）

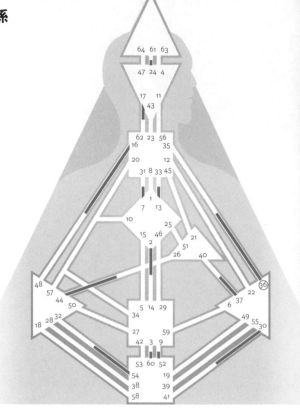

日	**13.1**	同理
地	**7.1**	獨裁主義者
月	**52.3**	控制
北交	**24.1**	疏忽之罪
南交	**44.1**	制約
水	**54.4**	啟蒙／無明
金	**37.3**	平等對待
火	**16.6**	輕信
木	**17.3**	理解
土	**30.2**	實用主義
天	**2.2**	天才
海	▲**36.2**	支持
冥	**60.3**	保守主義

13.1　同理

鎮定與人聯繫並交流的能力。

♀ ▲ 真情流露，帶來和諧。
帶有情感聆聽他人，開放的角色。

☽ ▼ 親吻嬰兒的政治家。
貌似開放，另有所圖。

☽39 ䷲
23:21

☽53 ䷲
10:43

Friday, February 3
midnight

22　　　　　4　　　　6　　　　8　　　　10　　　　12

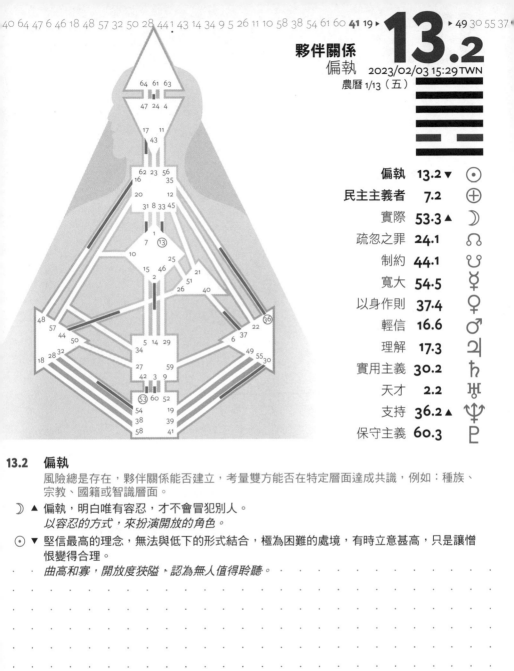

夥伴關係
偏執
2023/02/03 15:29 TWN
農曆 1/13（五）

偏執	**13.2** ▼	☉
民主主義者	**7.2**	⊕
實際	**53.3** ▲	☽
疏忽之罪	**24.1**	☊
制約	**44.1**	☋
寬大	**54.5**	☿
以身作則	**37.4**	♀
輕信	**16.6**	♂
理解	**17.3**	♃
實用主義	**30.2**	♄
天才	**2.2**	♅
支持	**36.2** ▲	♆
保守主義	**60.3**	♇

13.2　偏執

風險總是存在，夥伴關係能否建立，考量雙方能否在特定層面達成共識，例如：種族、宗教、國籍或智識層面。

☽ ▲ 偏執，明白唯有容忍，才不會冒犯別人。
以容忍的方式，來扮演開放的角色。

☉ ▼ 堅信最高的理念，無法與低下的形式結合，極為困難的處境，有時立意甚高，只是讓憎恨變得合理。
曲高和寡，開放度狹隘，認為無人值得聆聽。

☽62 ䷜
22:06

☽56 ䷷
09:29

Saturday, February 4
midnight

18　　20　　22　　midnight　　4　　6　　8　　10

13.3

夥伴關係
悲觀主義

2023/02/04 13:40 TWN

農曆 1/14（六）立春

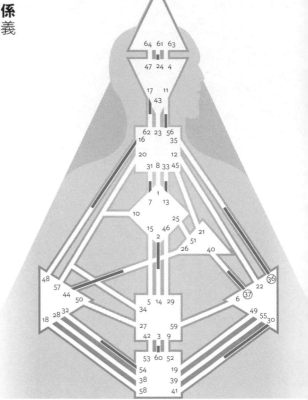

日	13.3	**悲觀主義**
地	7.3	**無政府主義者**
月	56.3	疏離
北交	24.1	疏忽之罪
南交	44.1	制約
水	54.6	選擇性
金	▲37.5	愛
火	16.6	輕信
木	17.3	理解
土	30.2	實用主義
天	2.2	天才
海	▲36.2	支持
冥	60.3	保守主義

13.3　悲觀主義

深信最好的永遠無法達成。

⊕ ▲ 不信任，除非提出鏗鏘有力的證據，否則不會轉換。
　　多疑導致無法開放，不斷尋求證據。

♀ ▼ 將悲觀昇華為藝術的某種形式，而藝術有可能產生相反的效果。諷刺。
　　將疑神疑鬼視為理所當然，擅長嘲諷。

☿ 61 ☰
15:36

☽ 31 ☲
20:51

☽ 33 ☲
08:13

Sunday, February 5

midnight　　4　　6　　8

2月

02/04

18　　20　　22

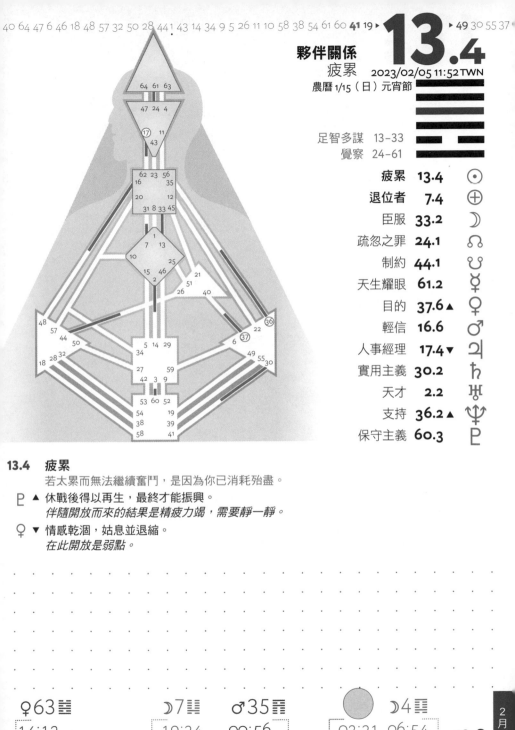

夥伴關係
疲累   2023/02/05 11:52 TWN
農曆 1/15（日）元宵節

足智多謀 13-33
覺察 24-61

13.4

疲累	**13.4**	☉
退位者	**7.4**	⊕
臣服	**33.2**	☽
疏忽之罪	**24.1**	☊
制約	**44.1**	☋
天生耀眼	**61.2**	☿
目的	**37.6** ▲	♀
輕信	**16.6**	♂
人事經理	**17.4** ▼	♃
實用主義	**30.2**	♄
天才	**2.2**	♅
支持	**36.2** ▲	♆
保守主義	**60.3**	♇

13.4 疲累

若太累而無法繼續奮鬥，是因為你已消耗殆盡。

♇ ▲ 休戰後得以再生，最終才能振興。
伴隨開放而來的結果是精疲力竭，需要靜一靜。

♀ ▼ 情感乾涸，姑息並退縮。
在此開放是弱點。

♀63▦   ☽7▦   ♂35▦   ☽4▦
14:12   19:34   00:56   02:31 06:54

Monday, February 6
midnight

14   16   18   20   2   4   6

2月
2023
02/06

13.5

夥伴關係
救世主

2023/02/06 10:04 TWN

農曆 1/16（一）

4-63	邏輯
24-61	覺察
35-36	無常

日	**13.5**	**救世主**
地	**7.5**	**將軍**
月	▲ **4.2**	接受
北交	**24.1**	疏忽之罪
南交	**44.1**	制約
水	**61.3**	相互依存
金	**63.2**	結構
火	▼**35.1**	謙遜
木	▼ **17.4**	人事經理
土	**30.3**	順從
天	**2.2**	天才
海	▲**36.2**	支持
冥	**60.3**	保守主義

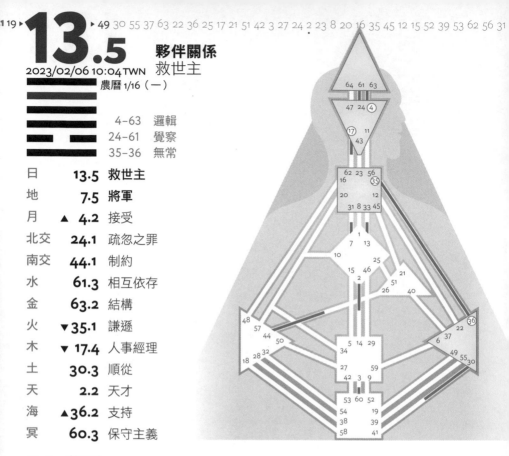

13.5 救世主

為了整體人類的福祉，有能力克服所有障礙。

♆ ▲ 充滿魅力的天才，為每個人找到角色與定位。
聆聽者，為人找到定位是天賦。

♃ ▼ 有為的管理者，天性極端正面，難運用於執行面。
天生聆聽者，能使人盡其才，適於管理。

2月

2023
02/06

☊27 ☷

☋28 ☶

☽29 ☳

☽59 ☴

14:34   18:13   05:30

Tuesday, February 7
midnight

14   16   18   20   2   4   6

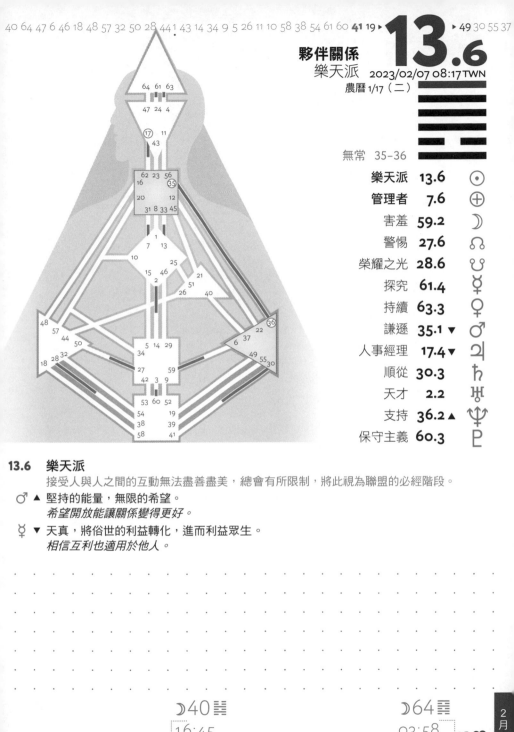

13.6

夥伴關係
樂天派
2023/02/07 08:17 TWN
農曆 1/17（二）

無常　35–36

樂天派	**13.6**	☉
管理者	**7.6**	⊕
害羞	**59.2**	☽
警惕	**27.6**	☊
榮耀之光	**28.6**	☋
探究	**61.4**	☿
持續	**63.3**	♀
謙遜	**35.1** ▼	♂
人事經理	**17.4** ▼	♃
順從	**30.3**	♄
天才	**2.2**	♅
支持	**36.2** ▲	♆
保守主義	**60.3**	♇

13.6　樂天派

接受人與人之間的互動無法盡善盡美，總會有所限制，將此視為聯盟的必經階段。

♂ ▲ 堅持的能量，無限的希望。
　　希望開放能讓關係變得更好。

☿ ▼ 天真，將俗世的利益轉化，進而利益眾生。
　　相信互利也適用於他人。

☽40 ䷕
16:45

☽64 ䷿
03:58

Wednesday, February 8
midnight

2月

2023
02/08

12　14　16　18　20　2

19 13 ▸ **49.1** ▸ 30 55 37 63 22 36 25 17 21 51 42 3 27 24 2 23 8 20 16 35 45 12 15 52 39 53 62 56 31 33

49.1

革命

必要性法則

2023/02/08 06:30 TWN

農曆 1/18（三）

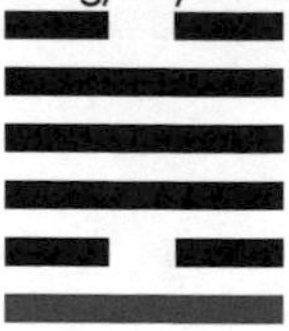

4–63 邏輯

35–36 無常

日	▼49.1	**必要性法則**
地	▼ 4.1	**愉悅**
月	▼64.2	素質
北交	27.6	警惕
南交	28.6	榮耀之光
水	61.5	影響
金	63.4	記憶
火	▼35.1	謙遜
木	▼ 17.4	人事經理
土	30.3	順從
天	2.2	天才
海	▲36.2	支持
冥	60.3	保守主義

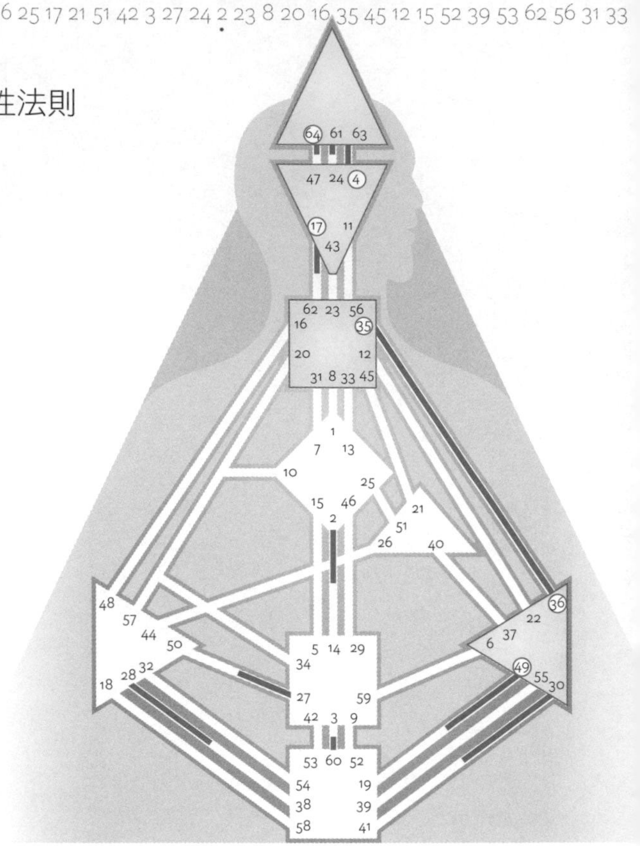

49.1 必要性法則

革命必須師出有名，否則無法獲得支持。

♃ ▲ 理解並運用此法則，盡其所能擴散出去，獲得最多支持，確保可行性。
意識到革命是否必要，取決於群眾的態度。

☉ ▼ 濫用影響力，認定採取行動就會創造需求。「螺旋滑梯症候群」（Helter Skelter Syndrome，來自美國罪犯查爾斯．曼森的案例），為了證實失序，而採取失序之舉。
面對拒絕過於敏感，將原則轉化為改革聖戰。

☿60 ䷻

02:41

☽47 ䷮

☽6 ䷅

15:08

02:16

Thursday, February 9

midnight

10 12 14 16 18 20 2

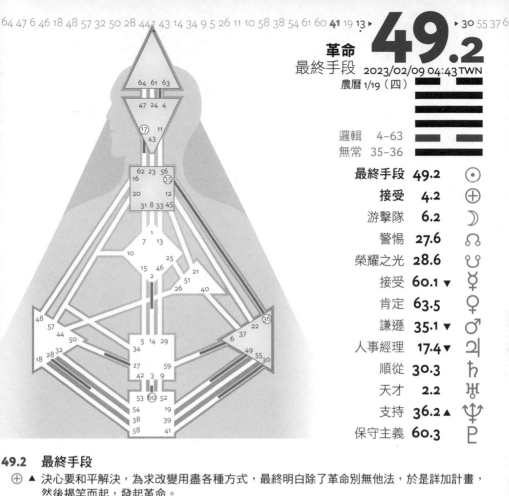

革命 49.2
最終手段 2023/02/09 04:43 TWN
農曆 1/19（四）

邏輯	4–63
無常	35–36

最終手段	49.2	☉
接受	4.2	⊕
游擊隊	6.2	☽
警惕	27.6	☊
榮耀之光	28.6	☋
接受	60.1 ▼	☿
肯定	63.5	♀
謙遜	35.1 ▼	♂
人事經理	17.4 ▼	♃
順從	30.3	♄
天才	2.2	♅
支持	36.2 ▲	♆
保守主義	60.3	♇

49.2 最終手段

⊕ ▲ 決心要和平解決，為求改變用盡各種方式，最終明白除了革命別無他法，於是詳加計畫，然後揭竿而起，發起革命。
  放棄之前，早已探索所有可能性。

♇ ▼ 滿懷革命熱忱，對於調解與談判興趣缺缺，傾向政變，卻欠缺群眾支持。
  對調解失去耐心。

☽46 ☷
13:21

☽18 ☷
00:22

Friday, February 10
midnight

49.3

革命
民怨

2023/02/10 02:56 TWN

農曆 1/20（五）

4–63	邏輯
35–36	無常

日		**49.3**	民怨
地	▲	**4.3**	不負責任
月	▼	**18.2**	絕症
北交		**27.6**	警惕
南交		**28.6**	榮耀之光
水		**60.2**	果斷
金		**63.6**	懷舊之情
火		**35.2**	創意空窗期
木		**17.5**	無人是孤島
土		**30.3**	順從
天		**2.2**	天才
海	▲	**36.2**	支持
冥		**60.3**	保守主義

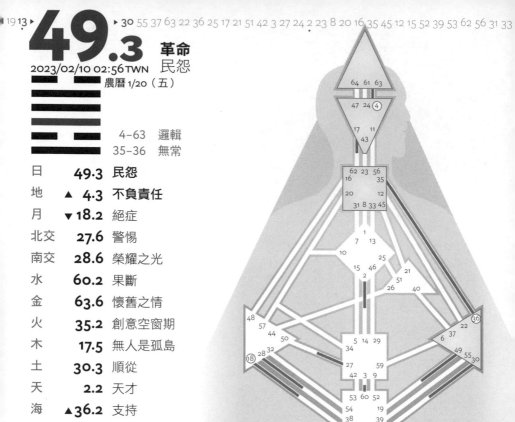

49.3 民怨

♆ ▲ 當限制一消失，就能摧毀舊有的形式。
深具潛力，對不適用的原則或關係相當敏感。

♇ ▼ 冥王星位於下降相位。雖然獲得大眾支持，蠻橫消滅了舊秩序，卻在無形之中，為新秩
序帶來永久的創傷。
對於被拒絕與拒絕別人，缺乏敏感度。

♀22 ☰
03:10

☽48 ☰
11:20

☽57 ☰
22:13

2月

2023 02/10

6   8   10   12   14   16   18   20

Saturday, February
midnight

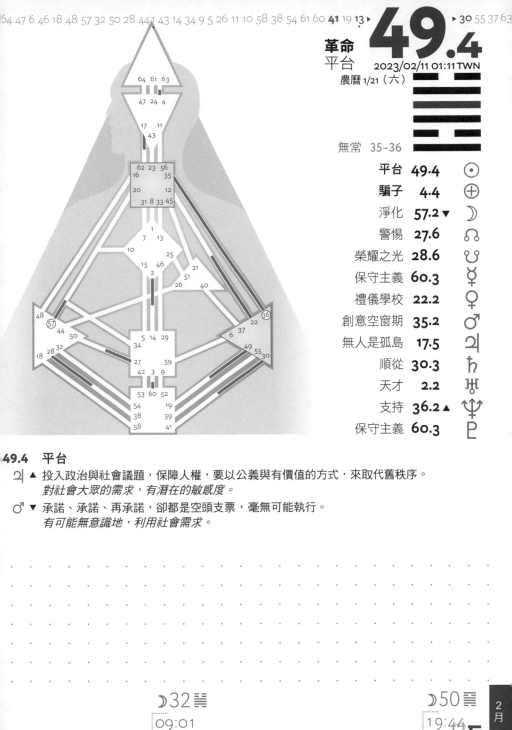

革命 **49.4**
平台
2023/02/11 01:11 TWN
農曆 1/21（六）

無常 35-36

平台	**49.4**	☉
騙子	**4.4**	⊕
淨化	**57.2 ▼**	☽
警惕	**27.6**	☊
榮耀之光	**28.6**	☋
保守主義	**60.3**	☿
禮儀學校	**22.2**	♀
創意空窗期	**35.2**	♂
無人是孤島	**17.5**	♃
順從	**30.3**	♄
天才	**2.2**	♅
支持	**36.2 ▲**	♆
保守主義	**60.3**	♇

49.4 平台

♃ ▲ 投入政治與社會議題，保障人權，要以公義與有價值的方式，來取代舊秩序。
　　對社會大眾的需求，有潛在的敏感度。

♂ ▼ 承諾、承諾、再承諾，卻都是空頭支票，毫無可能執行。
　　有可能無意識地，利用社會需求。

☽32 ䷿
09:01

☽50 ䷿
19:44

2月

2023
02/11

4　　6　　8　　10　　12　　14　　16　　18　　20

49.5

革命
組織

2023/02/11 23:25 TWN

農曆 1/21（六）

| 27-50 | 保存 |
| 35-36 | 無常 |

日	**49.5**	**組織**
地	**4.5**	**誘惑**
月	▲**50.3**	適應力
北交	▲ **27.6**	警惕
南交	**28.6**	榮耀之光
水	**60.5**	領導力
金	**22.3**	魔法師
火	**35.2**	創意空窗期
木	**17.5**	無人是孤島
土	**30.3**	順從
天	**2.2**	天才
海	▲**36.2**	支持
冥	**60.3**	保守主義

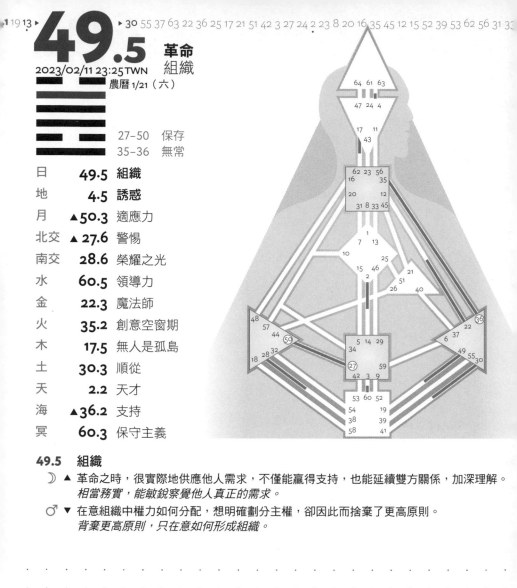

49.5 組織

☽ ▲ 革命之時，很實際地供應他人需求，不僅能贏得支持，也能延續雙方關係，加深理解。
相當務實，能敏銳察覺他人真正的需求。

♂ ▼ 在意組織中權力如何分配，想明確劃分主權，卻因此而捨棄了更高原則。
背棄更高原則，只在意如何形成組織。

☽28 ☰ 06:21

☽44 ☰ 16:51

Sunday, February 12
midnight   4   6   8   10   12   14   16   18

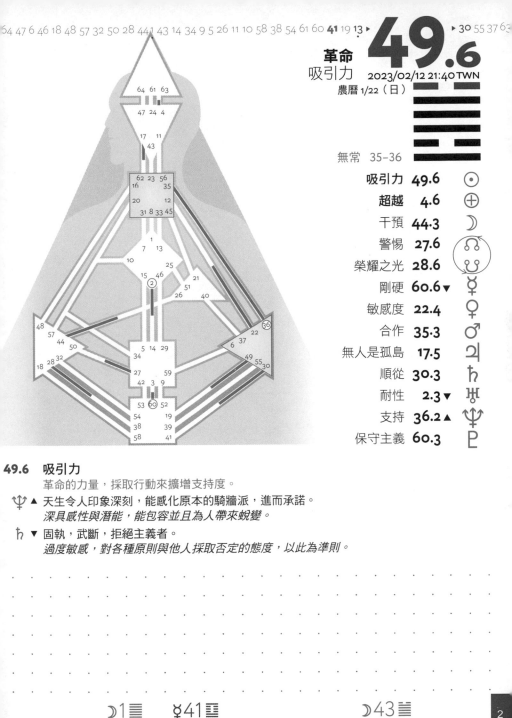

革命 **49.6**
吸引力 2023/02/12 21:40 TWN
農曆 1/22（日）

無常 35-36

吸引力	**49.6**	⊙
超越	**4.6**	⊕
干預	**44.3**	☽
警惕	**27.6**	☊
榮耀之光	**28.6**	☋
剛硬	**60.6▾**	☿
敏感度	**22.4**	♀
合作	**35.3**	♂
無人是孤島	**17.5**	♃
順從	**30.3**	♄
耐性	**2.3▾**	♅
支持	**36.2▴**	♆
保守主義	**60.3**	♇

49.6 吸引力
革命的力量，採取行動來擴增支持度。

♆ ▴ 天生令人印象深刻，能感化原本的騎牆派，進而承諾。
深具感性與潛能，能包容並且為人帶來蛻變。

♄ ▾ 固執，武斷，拒絕主義者。
過度敏感，對各種原則與他人採取否定的態度，以此為準則。

☽ 1 ☰ 03:16　　☿ 41 ☷ 06:00　　☽ 43 ☰ 13:33

Monday, February 13
midnight　　4　　6　　8　　10　　12　　14　　16

2月
2023
02/13

30.1 燃燒的火焰

沉著

2023/02/13 19:55 TWN

農曆 1/23（一）

30–41　夢想家
35–36　無常

日	▲30.1	**沉著**
地	29.1	**徵召**
月	43.4	死腦筋
北交	27.6	警惕
南交	28.6	榮耀之光
水	▼41.1	合理
金	22.5	直接
火	35.3	合作
木	17.5	無人是孤島
土	30.4	精疲力竭
天	▼ 2.3	耐性
海	▲36.2	支持
冥	60.3	保守主義

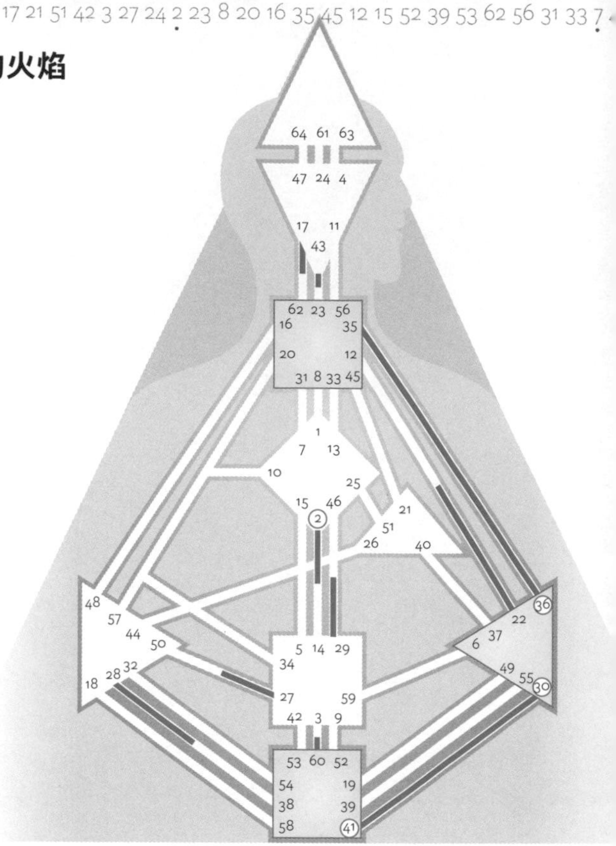

30.1 沉著

泰山崩於前，而面不改。

⊙ ▲ 面對所有情況，都將限制放大。
不管面對任何狀況，透過感覺而穩定下來。

♃ ▼ 有能力保持鎮定，卻耽誤了進展。
透過感覺獲得平衡，卻無法放下。

2月

2023 02/13

☽14 ䷀ 23:42

00:03

Tuesday, February 14

☽34 09:45

♀36 16:22

midnight 4 6 8 10 12 14 16

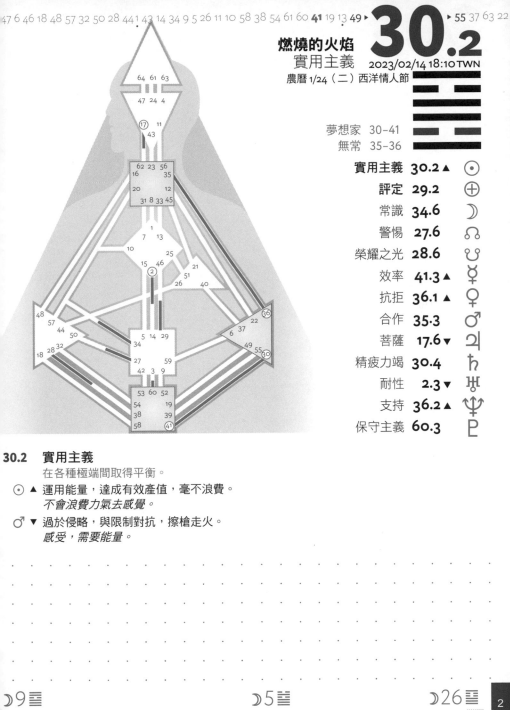

燃燒的火焰 30.2
實用主義

2023/02/14 18:10 TWN
農曆 1/24（二）西洋情人節

夢想家 30-41
無常 35-36

實用主義	**30.2** ▲	⊙
評定	**29.2**	⊕
常識	**34.6**	☾
警惕	**27.6**	☊
榮耀之光	**28.6**	☋
效率	**41.3** ▲	☿
抗拒	**36.1** ▲	♀
合作	**35.3**	♂
菩薩	**17.6** ▼	♃
精疲力竭	**30.4**	♄
耐性	**2.3** ▼	♅
支持	**36.2** ▲	♆
保守主義	**60.3**	♇

30.2   實用主義
在各種極端間取得平衡。

⊙ ▲ 運用能量，達成有效產值，毫不浪費。
不會浪費力氣去感覺。

♂ ▼ 過於侵略，與限制對抗，擦槍走火。
感受，需要能量。

☾9 ䷀
19:40

☾5 ䷏
05:27

☾26 ䷷
15:07

2月

Wednesday, February 15
midnight

0   22   4   6   8   10   12

2023
02/15

30.3

燃燒的火焰
順從

2023/02/15 16:26 TWN

農曆 1/25（三）

30–41　夢想家
35–36　無常

日	**30.3**	**順從**
地	**29.3**	**評估**
月	**26.1**	**一鳥在手**
北交	**27.6**	**警惕**
南交	**28.6**	**榮耀之光**
水	**41.4**	**修正**
金	▲**36.2**	**支持**
火	**35.3**	**合作**
木	▼ **17.6**	**菩薩**
土	**30.4**	**精疲力竭**
天	▼ **2.3**	**耐性**
海	▲**36.2**	**支持**
冥	**60.3**	**保守主義**

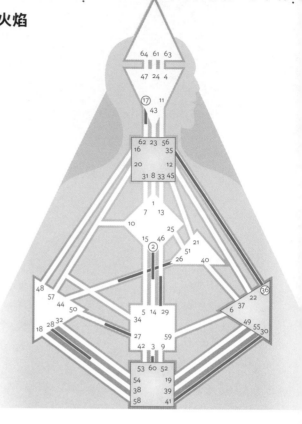

30.3　順從

接受如是。

♇ ▲ 再生定律的覺察與體現。因果論，輪迴與復活。
　　接受如是的感受。

♃ ▼ 傾向以特定的知識，來鼓勵或避免絕望的感受。
　　面對正面或負面的感覺，都接受如是。

☽11 ☰
00:40
Thursday, February 16
midnight

☽10 ☰
10:05

20　　22　　　　4　　6　　8　　10　　12

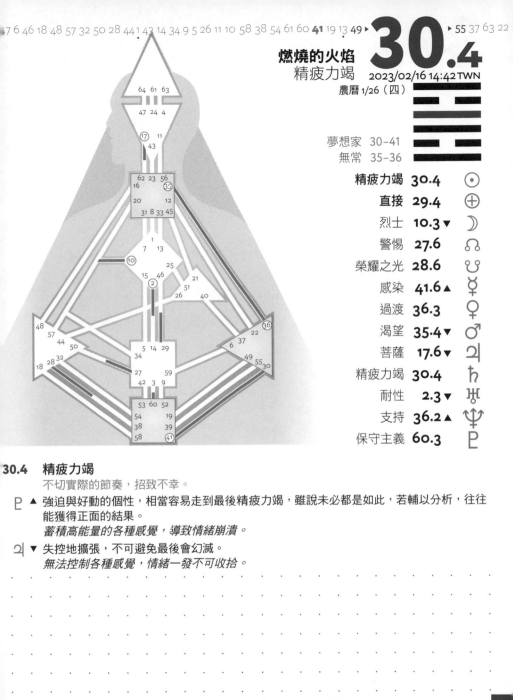

30.4

燃燒的火焰
精疲力竭

2023/02/16 14:42 TWN

農曆 1/26（四）

夢想家 30-41
無常 35-36

精疲力竭	**30.4**	☉
直接	**29.4**	⊕
烈士	**10.3 ▼**	☽
警惕	**27.6**	☊
榮耀之光	**28.6**	☋
感染	**41.6 ▲**	☿
過渡	**36.3**	♀
渴望	**35.4 ▼**	♂
菩薩	**17.6 ▼**	♃
精疲力竭	**30.4**	♄
耐性	**2.3 ▼**	♅
支持	**36.2 ▲**	♆
保守主義	**60.3**	♇

30.4　精疲力竭

不切實際的節奏，招致不幸。

♇ ▲ 強迫與好動的個性，相當容易走到最後精疲力竭，雖說未必都是如此，若輔以分析，往往
能獲得正面的結果。
蓄積高能量的各種感覺，導致情緒崩潰。

♃ ▼ 失控地擴張，不可避免最後會幻滅。
無法控制各種感覺，情緒一發不可收拾。

☽58 ☿19 ☽38

19:25　04:02　04:38

Friday, February 17

midnight

18　20　22　4　6　8　10

2月

2023
02/17

30.5

燃燒的火焰
諷刺

2023/02/17 12:59 TWN

農曆 1/27（五）

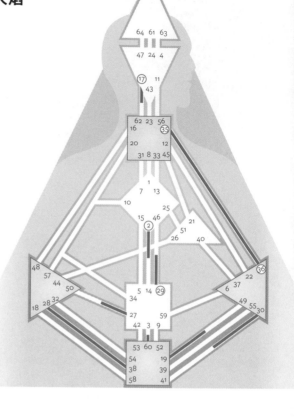

| | 28–38 | 困頓掙扎 |
| 35–36 | 無常 |

日	**30.5**	**諷刺**
地	▼**29.5**	**過度擴張**
月	**38.6**	**誤解**
北交	**27.6**	**警惕**
南交	**28.6**	**榮耀之光**
水	**19.1**	**相互依存**
金	**36.4**	**間諜活動**
火	▼**35.4**	**渴望**
木	▼**17.6**	**菩薩**
土	**30.4**	**精疲力竭**
天	▼**2.3**	**耐性**
海	▲**36.2**	**支持**
冥	**60.3**	**保守主義**

30.5 諷刺

認知並致力於短暫的目標。

2 ▲ 從知識與經驗中獲得力量，明白就算前進兩步後退一步，仍有進一步的發展。
當一切有所進展，將體驗全新的感受，也會重溫舊有的感覺。

P ▼ 矛盾引發憤怒，面對各種限制感到挫敗，渴望毀掉一切。
當你開始去體驗，舊情緒裡所隱藏的挫敗與憤怒，都轉變為情緒層面的察覺力。

☽54 ≣
13:46

☽61 ≣
22:50

☽60 ≣
07:49

Saturday, February 18
midnight

燃燒的火焰
強制

30.6

2023/02/18 11:16 TWN
農曆 1/28（六）

無常　35–36

強制	**30.6**	☉
困惑	**29.6**	⊕
保守主義	**60.3**	☽
執行者	**27.5**	☊
背叛	**28.5**	☋
奉獻	**19.3**	☿
祕密的	**36.5**	♀
渴望	**35.4▼**	♂
菩薩	**17.6▼**	♃
精疲力竭	**30.4**	♄
耐性	**2.3▼**	♅
支持	**36.2▲**	♆
足智多謀	**60.4**	♇

30.6　強制

有紀律，延續正確的行動。

♂ ▲ 同意帶領弱者，對力挽頹勢相當有自信。
　　充滿力量，消滅負面感受。

☽ ▼ 天生內在平和，常常會容忍低劣的能量。
　　無力消除負面的感覺。

♃21 ䷀
11:40
14

☽41 ䷂
16:45
16　18　20

Sunday, February 19
midnight

☽19 ䷒
01:39
2　4

♀25 ䷗
05:49
6

55.1

豐盛
合作

2023/02/19 09:33 TWN

農曆 1/29（日）雨水

35–36　無常

日	**55.1**	**合作**
地	**59.1**	**先發制人**
月	**19.6**	遁世者
北交	**27.5**	執行者
南交	**28.5**	背叛
水	**19.4**	團隊合作
金	**25.1**	無私
火	**35.5**	利他主義
木	**21.1**	警告
土	**30.4**	精疲力竭
天	▼ **2.3**	耐性
海	▲**36.2**	支持
冥	**60.4**	足智多謀

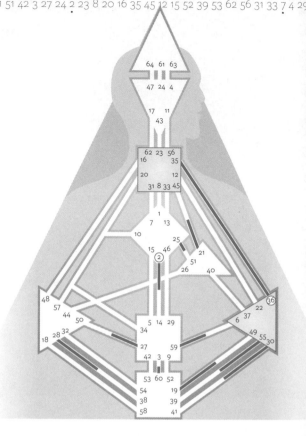

55.1　合作

♃ ▲ 透過合作，向外擴張，秉持的原則是與有力人士合作，確保取得長久的支持，互存共榮。
　　與強大的力量合作，有可能會找到對的靈魂。

♀ ▼ 聚焦於與強大的力量，建立和諧的關係，這或許能長久，卻不見得能獲得提升。
　　與強大的力量和諧共生，卻不一定能在精神層面帶來好處。

2月

☽13 ☰
19:33

2023 02/19

☽49 ☰
19:23

Monday, February 20
midnight

☽30 ☰
04:15

14　　16　　18　　20　　　　2　　4

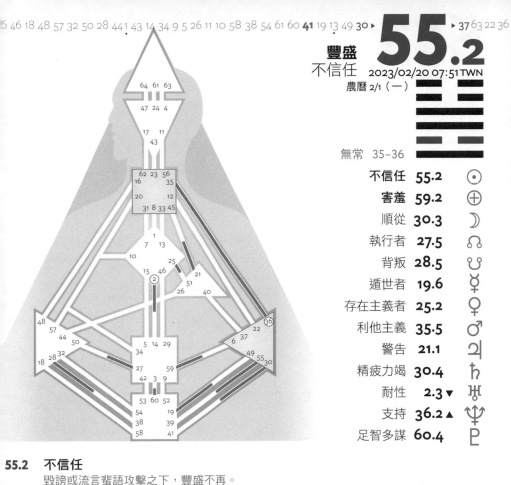

豐盛 **55.2**
不信任
2023/02/20 07:51 TWN
農曆 2/1（一）

無常 35-36

不信任	**55.2**	☉
害羞	**59.2**	⊕
順從	**30.3**	☽
執行者	**27.5**	☊
背叛	**28.5**	☋
遁世者	**19.6**	☿
存在主義者	**25.2**	♀
利他主義	**35.5**	♂
警告	**21.1**	♃
精疲力竭	**30.4**	♄
耐性	**2.3** ▼	♅
支持	**36.2** ▲	♆
足智多謀	**60.4**	♇

55.2 不信任

毀謗或流言蜚語攻擊之下，豐盛不再。

♀ ▲ 長袖善舞，有效展露天分，天生有能力能進入核心，取得真誠的信任。
若能夠被人信任，情緒層面趨於穩定，具有精神層面的力量。

⊕ ▼ 如果向毀謗者下戰帖，對方就占上風，他們會引用哈姆雷特的名句：「我認為他欲蓋彌彰。」需要持續提供實證，才能克服不信任的問題。
在情感層面，迫切想證明自己值得信任，對方不一定會接受，在精神層面也沒什麼好處。

☽55 ⚫ ☿13 ☽37
13:08 15:09 22:00 22:03
Tuesday, February 21
midnight

55.3

豐盛
無罪

2023/02/21 06:10 TWN

農曆 2/2（二）

35–36　無常

日	**55·3**	**無罪**
地	**59·3**	**開放**
月	**37·6**	**目的**
北交	**27·5**	**執行者**
南交	**28·5**	**背叛**
水	**13·1**	**同理**
金	**25·3**	**感性**
火	**35·5**	**利他主義**
木	**21·1**	**警告**
土	**30·4**	**精疲力竭**
天	▼ **2·3**	**耐性**
海	▲**36·2**	**支持**
冥	**60·4**	**足智多謀**

55.3　無罪

「我不過是依命行事。」這說法充滿防衛。

♄ ▲ 若程序正確，也有紀律，遵照準則去落實，卻還是失敗，就無法歸咎於個人。
在情感上或許能了解，就算竭盡所能，還是有可能失敗，但精神可嘉。

♂ ▼ 火星位於下降相位，奮戰到底不再服從，回歸個體性發起宣戰，這對上位者而言，就是
崩毀，所以他們會安全地躲在防護罩裡。
在精神層面先自私地保護自己，別人卻為此付出代價。

2月

☽63 07:01
2023 02/21

☽22 16:03
Wednesday, February 22
midnight

☽36 01:09

10　12　14　16　18　20　2

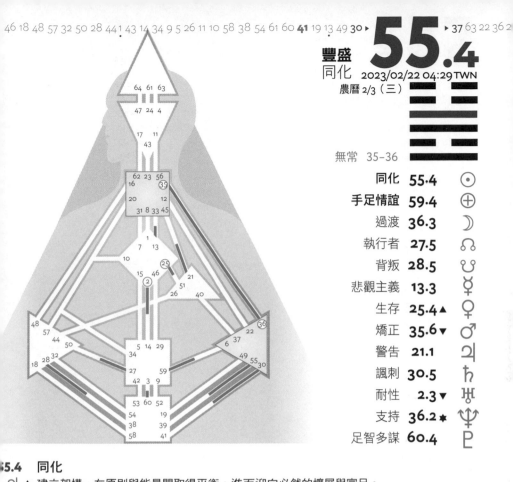

豐盛　同化　**55.4**

2023/02/22 04:29 TWN

農曆 2/3（三）

無常　35–36

同化	**55.4**	☉
手足情誼	**59.4**	⊕
過渡	**36.3**	☽
執行者	**27.5**	☊
背叛	**28.5**	☋
悲觀主義	**13.3**	☿
生存	**25.4▲**	♀
矯正	**35.6▼**	♂
警告	**21.1**	♃
諷刺	**30.5**	♄
耐性	**2.3▼**	♅
支持	**36.2★**	♆
足智多謀	**60.4**	♇

55.4　同化

♃ ▲ 建立架構，在原則與能量間取得平衡，進而迎向必然的擴展與富足。
　　當情緒的察覺與能量相互平衡，遵循原則，就能喚醒潛在的靈性。

♂ ▼ 能量無邊界，不知節制。
　　能量無邊界，若忽略自我察覺，可能失去原本的精神。

☽25 ䷀
10:21

☽17 ䷀
19:39

Thursday, February 23
midnight

2月

8　　10　　12　　14　　16　　18　　20

55.5

豐盛
成長

2023/02/23 02:48 TWN

農曆 2/4（四）

35-36　無常

日	▼55.5	成長
地	59.5	蛇蠍美人或大眾情人
月	17.5	無人是孤島
北交	27.5	執行者
南交	28.5	背叛
水	13.4	疲累
金	25.6	無知
火	▼35.6	矯正
木	21.2	強權即公理
土	30.5	諷刺
天	▼ 2.3	耐性
海	▲36.2	支持
冥	60.4	足智多謀

55.5　成長

⛢ ▲ 位居要位，握有權力，也具備不尋常的能力，能接受建言，創新而帶來蛻變。掌權者，天生要領導他人，而非跟隨者。
握有力量，引發情感的威力與精神。

☉ ▼ 廣納各種意見，集結並整合，雖然有可能破局，還是抱持著開放的態度。
情感層面呈現開放的狀態，而在精神上則面臨被制約的風險。

☽21 05:04

☽51 14:36　♀17 19:35　☽42 00:17

♂45 20:27

Friday, February 24
midnight

6　8　10　12　14　16　18　20

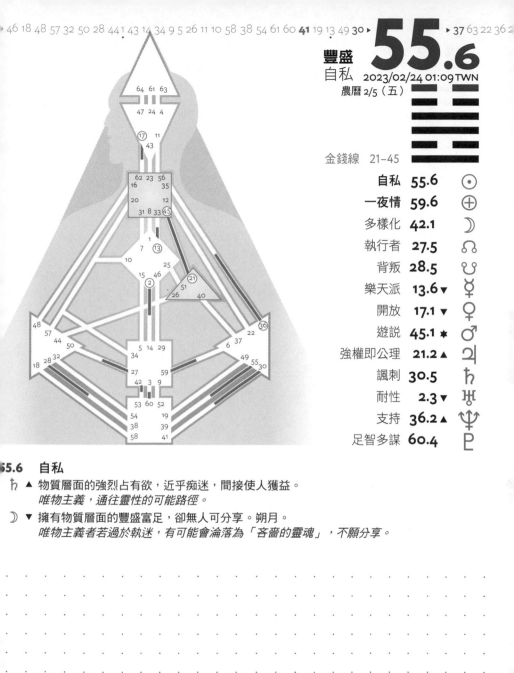

55.6

豐盛
自私 2023/02/24 01:09 TWN
農曆 2/5（五）

金錢線　21–45

自私	**55.6**	☉
一夜情	**59.6**	⊕
多樣化	**42.1**	☽
執行者	**27.5**	☊
背叛	**28.5**	☋
樂天派	**13.6▼**	☿
開放	**17.1▼**	♀
遊説	**45.1★**	♂
強權即公理	**21.2▲**	♃
諷刺	**30.5**	♄
耐性	**2.3▼**	♅
支持	**36.2▲**	♆
足智多謀	**60.4**	♇

55.6　自私

♄ ▲ 物質層面的強烈占有欲，近乎痴迷，間接使人獲益。
唯物主義，通往靈性的可能路徑。

☽ ▼ 擁有物質層面的豐盛富足，卻無人可分享。朔月。
唯物主義者若過於執迷，有可能會淪落為「吝嗇的靈魂」，不願分享。

☽3☷
10:05

☿49☷
12:32

☽27☷
20:03

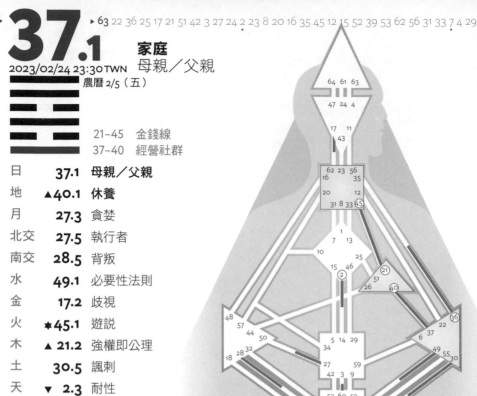

37.1

家庭
母親／父親

2023/02/24 23:30 TWN
農曆 2/5（五）

21–45　金錢線
37–40　經營社群

日	**37.1**	母親／父親
地	▲**40.1**	休養
月	**27.3**	貪婪
北交	**27.5**	執行者
南交	**28.5**	背叛
水	**49.1**	必要性法則
金	**17.2**	歧視
火	★**45.1**	遊說
木	▲ **21.2**	強權即公理
土	**30.5**	諷刺
天	▼ **2.3**	耐性
海	▲**36.2**	支持
冥	**60.4**	足智多謀

37.1　母親／父親

天生受人尊敬，確保焦點放在發展準則。

♀ ▲　維持關係的關鍵在於和諧，家和萬事興，和諧才能讓家庭的美好與價值得以延續。
友誼也是如此，相互體諒，體貼彼此，才能確保和諧。無對立相位。

▼　沒有行星處於下降相位。

2
月

Saturday, February 25

☽24 ▦
06:09

☽2 ▦
16:24

midnight   4   6   8   10   12   14   16   18

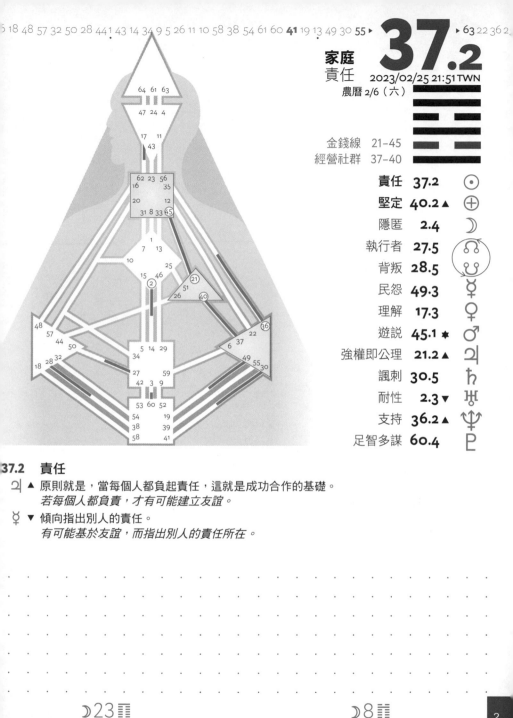

家庭
責任

37.2

2023/02/25 21:51 TWN
農曆 2/6（六）

金錢線　21-45
經營社群　37-40

責任	**37.2**	☉
堅定	**40.2▲**	⊕
隱匿	**2.4**	☽
執行者	**27.5**	☊
背叛	**28.5**	☋
民怨	**49.3**	☿
理解	**17.3**	♀
遊說	**45.1★**	♂
強權即公理	**21.2▲**	♃
諷刺	**30.5**	♄
耐性	**2.3▼**	♅
支持	**36.2▲**	♆
足智多謀	**60.4**	♇

37.2　責任

♃ ▲ 原則就是，當每個人都負起責任，這就是成功合作的基礎。
　　若每個人都負責，才有可能建立友誼。

☿ ▼ 傾向指出別人的責任。
　　有可能基於友誼，而指出別人的責任所在。

☽23 ䷜
02:49

☽8 ䷜
13:21

Sunday, February 26
midnight　　4　　6　　8　　10　　12　　14　　16

37.3

家庭
平等對待

2023/02/26 20:14 TWN

農曆 2/7（日）

21–45　金錢線
37–40　經營社群

日	**37.3**	**平等對待**
地	**40.3**	謙遜
月	**8.4**	尊重
北交	**27.5**	執行者
南交	**28.5**	背叛
水	**49.4**	平台
金	**17.4**	人事經理
火	▼**45.2**	共識
木	▲ **21.2**	強權即公理
土	**30.5**	諷刺
天	▼ **2.3**	耐性
海	▲**36.2**	支持
冥	**60.4**	足智多謀

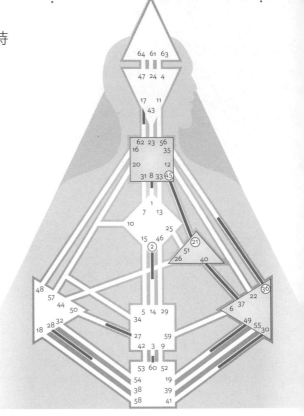

37.3　平等對待

任何團體要成功，以遵循秩序為準繩。

♃ ▲ 有能力去評斷行為是否合宜，以和諧的舉止對應逾矩。
極有可能相當敏感，了解在關係中該如何應對才適當。

♂ ▼ 傾向諷刺挖苦，測試對方能接受的底線，但若面對有同樣傾向的人，卻嚴厲以對。
對於行為是否適當，缺乏敏感度。

☽20 ☰　　　☽16 ☷

00:02
Monday, February 27
midnight　　4　　6　　8　　10　　12　　14　　16

10:51　　16:07

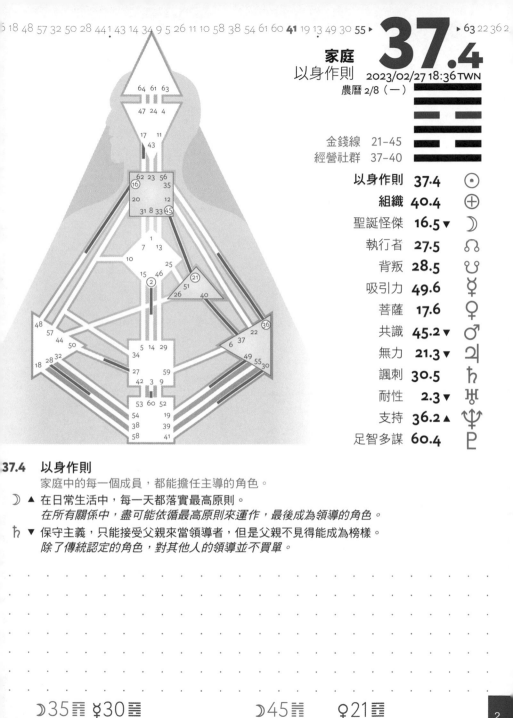

37.4

家庭
以身作則 2023/02/27 18:36 TWN

農曆 2/8（一）

▶ 63 22 36 2

金錢線 21–45
經營社群 37–40

以身作則	**37.4**	☉
組織	**40.4**	⊕
聖誕怪傑	**16.5 ▼**	☽
執行者	**27.5**	☊
背叛	**28.5**	☋
吸引力	**49.6**	☿
菩薩	**17.6**	♀
共識	**45.2 ▼**	♂
無力	**21.3 ▼**	♃
諷刺	**30.5**	♄
耐性	**2.3 ▼**	♅
支持	**36.2 ▲**	♆
足智多謀	**60.4**	♇

37.4   以身作則

家庭中的每一個成員，都能擔任主導的角色。

☽ ▲ 在日常生活中，每一天都落實最高原則。
在所有關係中，盡可能依循最高原則來運作，最後成為領導的角色。

♄ ▼ 保守主義，只能接受父親來當領導者，但是父親不見得能成為榜樣。
除了傳統認定的角色，對其他人的領導並不買單。

☽35 ☿30   ☽45   ♀21

21:47   00:01   08:49   09:41

Tuesday, February 28
midnight

22   4   6   8   10   12   14

2月

2023
02/28

37.5

2023/02/28 17:00 TWN

家庭
愛

農曆 2/9（二）

21–45 金錢線
37–40 經營社群

日	**37.5**	**愛**
地	▼**40.5**	**剛硬**
月	▼**45.5**	**領導力**
北交	**27.5**	執行者
南交	**28.5**	背叛
水	**30.2**	實用主義
金	★**21.1**	警告
火	▼**45.2**	共識
木	▼**21.3**	無力
土	**30.5**	諷刺
天	▼**2.3**	耐性
海	**36.3**	過渡
冥	**60.4**	足智多謀

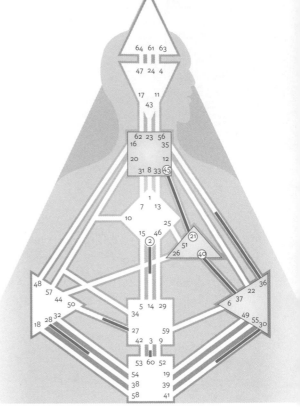

37.5　愛

自然並真摯地，展現出對家庭的愛。

♀ ▲ 自然和諧，完美共享。
友誼就是自然和諧地相處，共同分享。

♂ ▼ 情感層面的依賴，往往由愛轉恨。
依賴的結果，可能由愛轉恨。

☽12 19:58

☽15 07:10

Wednesday, March 1
midnight

20　22　　4　6　8　10　12

家庭
目的

37.6

2023/03/01 15:24 TWN
農曆 2/10（三）

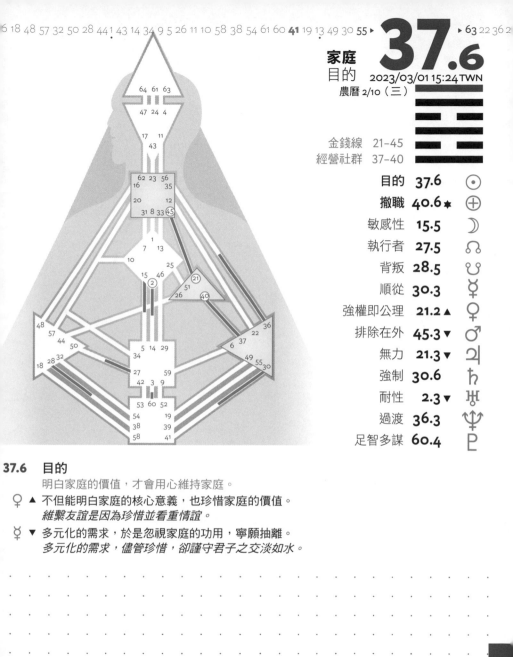

金錢線	21-45	
經營社群	37-40	

目的	**37.6**	☉
撤職	**40.6**★	⊕
敏感性	**15.5**	☽
執行者	**27.5**	☊
背叛	**28.5**	☋
順從	**30.3**	☿
強權即公理	**21.2**▲	♀
排除在外	**45.3**▼	♂
無力	**21.3**▼	♃
強制	**30.6**	♄
耐性	**2.3**▼	♅
過渡	**36.3**	♆
足智多謀	**60.4**	♇

37.6　目的

明白家庭的價值，才會用心維持家庭。

♀ ▲ 不但能明白家庭的核心意義，也珍惜家庭的價值。
維繫友誼是因為珍惜並看重情誼。

☿ ▼ 多元化的需求，於是忽視家庭的功用，寧願抽離。
多元化的需求，儘管珍惜，卻謹守君子之交淡如水。

☽52 18:27

☽39 05:47

Thursday, March 2

midnight

18　　20　　22　　　4　6　8　10

2023
03/02

63.1

完成之後
沉著

2023/03/02 13:49 TWN

農曆 2/11（四）

21-45　金錢線

日	▲ **63.1**	沉著
地	**64.1**	制約
月	**39.5**	專心致志
北交	**27.4**	慷慨
南交	**28.4**	堅持
水	**30.5**	諷刺
金	▼ **21.3**	無力
火	▼**45.3**	排除在外
木	▼ **21.3**	無力
土	**30.6**	強制
天	▼ **2.3**	耐性
海	**36.3**	過渡
冥	**60.4**	足智多謀

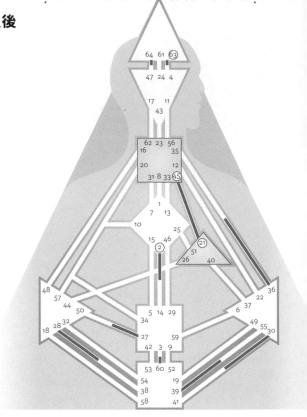

63.1　沉著

☉ ▲ 個性使然，淡定接受既有的成就，順其自然，任其發展延續。
　　接受既定的成果，但接下來能否持續發展，心存懷疑。

♂ ▼ 有所成就之後，立即尋找新目標，如此做的風險是，有可能將動搖既定的根基。
　　雖然已經有所成，卻仍然質疑自己的能力，內在形成壓力，才會立即尋求新目標。

☽53　17:09　18　20　22

☽62　04:32　midnight　4　6

☿55　08:38

Friday, March 3

2023 03/02

3月

8　10

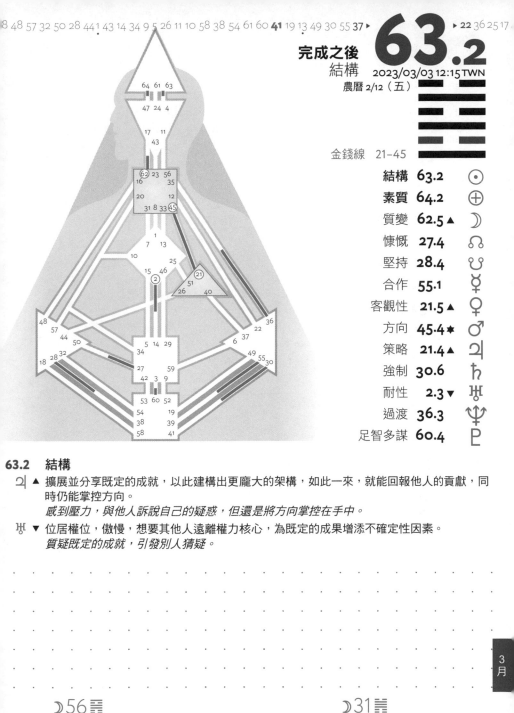

完成之後
結構

63.2

2023/03/03 12:15 TWN
農曆 2/12（五）

金錢線　21-45

結構	**63.2** ⊙
素質	**64.2** ⊕
質變	**62.5** ▲ ☽
慷慨	**27.4** ☊
堅持	**28.4** ☋
合作	**55.1** ☿
客觀性	**21.5** ▲ ♀
方向	**45.4** ★ ♂
策略	**21.4** ▲ ♃
強制	**30.6** ♄
耐性	**2.3** ▼ ♅
過渡	**36.3** ♆
足智多謀	**60.4** ♇

63.2　結構

♃ ▲ 擴展並分享既定的成就，以此建構出更龐大的架構，如此一來，就能回報他人的貢獻，同時仍能掌控方向。
　　感到壓力，與他人訴說自己的疑惑，但還是將方向掌控在手中。

♅ ▼ 位居權位，傲慢，想要其他人遠離權力核心，為既定的成果增添不確定性因素。
　　質疑既定的成就，引發別人猜疑。

☽56▤
15:56

☽31▤
03:19

Saturday, March 4
midnight

3月

2023
03/04

16　　18　　20　　22　　　　4　　6

63.3

完成之後
持續

2023/03/04 10:41 TWN

農曆 2/13（六）

21-45　金錢線

日	**63.3**	持續
地	**64.3**	過度膨脹
月	▲ **31.4**	意圖
北交	**27.4**	慷慨
南交	**28.4**	堅持
水	**55.2**	不信任
金	▼ **21.6**	混亂
火	✳ **45.4**	方向
木	▲ **21.4**	策略
土	**30.6**	強制
天	▼ **2.3**	耐性
海	**36.3**	過渡
冥	**60.4**	足智多謀

63.3　持續

♃ ▲ 專心致力於新開始，堅持延續已定下的原則，儘管這樣做，需要與一些尚未進入狀況的人互動。
質疑與人互動時，是否還能保有個人原則。

♄ ▼ 不計代價要成功。
不惜任何代價，都要消除質疑。

☽33 14:42　　♀51 00:11　　☽7 02:03

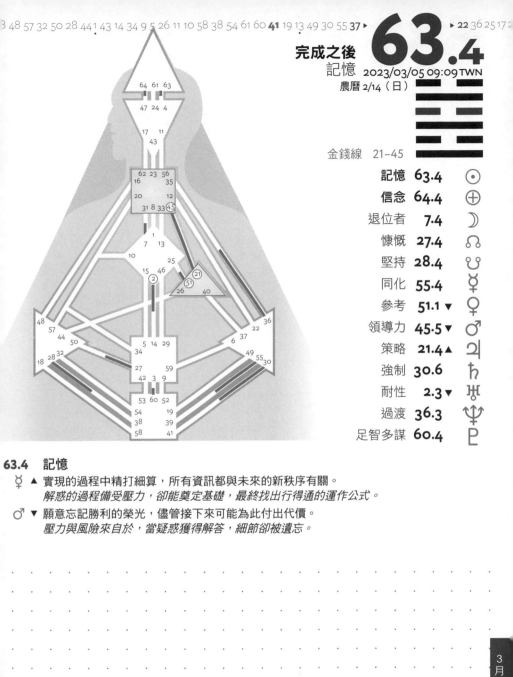

完成之後 **63.4**
記憶 2023/03/05 09:09 TWN
農曆 2/14（日）

金錢線　21–45

記憶	**63.4**	☉
信念	**64.4**	⊕
退位者	**7.4**	☾
慷慨	**27.4**	☊
堅持	**28.4**	☋
同化	**55.4**	☿
參考	**51.1** ▼	♀
領導力	**45.5** ▼	♂
策略	**21.4** ▲	♃
強制	**30.6**	♄
耐性	**2.3** ▼	♅
過渡	**36.3**	♆
足智多謀	**60.4**	♇

63.4　記憶

☿ ▲ 實現的過程中精打細算，所有資訊都與未來的新秩序有關。
　　 解惑的過程備受壓力，卻能奠定基礎，最終找出行得通的運作公式。

♂ ▼ 願意忘記勝利的榮光，儘管接下來可能為此付出代價。
　　 壓力與風險來自於，當疑惑獲得解答，細節卻被遺忘。

☽4 13:22

☽29 00:39

Monday, March 6
midnight

12　　14　　16　　18　　20　　　　2　　4

2023
03/06

3
月

63.5

完成之後
肯定

2023/03/06 07:36 TWN

農曆 2/15（一）驚蟄

21–45　金錢線

日	▲ 63.5	肯定
地	64.5	承諾
月	29.4	直接
北交	27.4	慷慨
南交	28.4	堅持
水	55.6	自私
金	51.2	退縮
火	▼ 45.5	領導力
木	▲ 21.4	策略
土	30.6	強制
天	▼ 2.3	耐性
海	36.3	過渡
冥	60.4	足智多謀

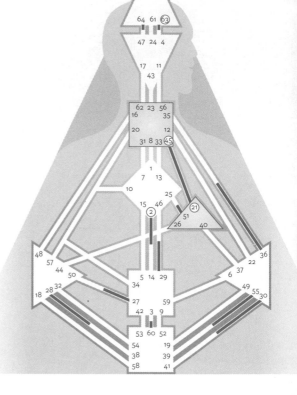

63.5　肯定

⊙ ▲ 每次新開始都在追求同樣的價值，允許新的超越舊的，這是最主要也最真實的目的。
　　理解懷疑是必要的，有其價值。

♂ ▼ 很愛逞口舌之快，若用來領導，價值降低，徒留形式。
　　尚未理解就開始質疑。

3月

☽59　☿37　☽40
11:54　14:35　23:06

2023
03/06

Tuesday, March 7

midnight

12　14　16　18　20　2　4

完成之後
懷舊之情

63.6

2023/03/07 06:05 TWN
農曆 2/16（三）

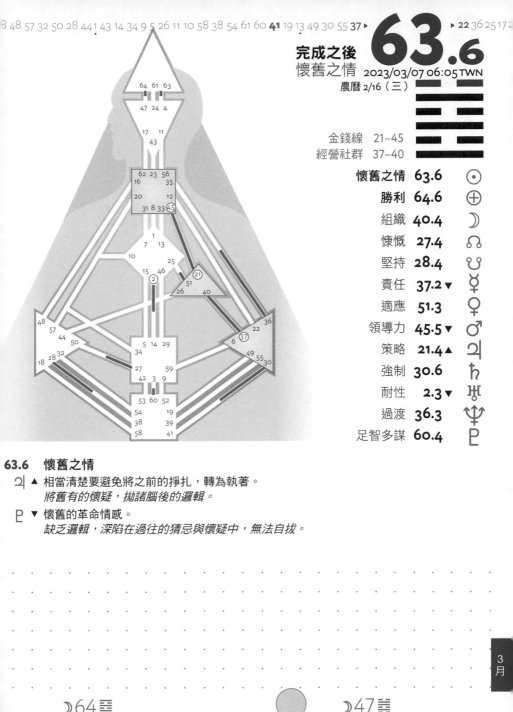

金錢線　21-45
經營社群　37-40

懷舊之情	**63.6**	⊙
勝利	**64.6**	⊕
組織	**40.4**	☽
慷慨	**27.4**	☊
堅持	**28.4**	☋
責任	**37.2** ▼	☿
適應	**51.3**	♀
領導力	**45.5** ▼	♂
策略	**21.4** ▲	♃
強制	**30.6**	♄
耐性	**2.3** ▼	♅
過渡	**36.3**	♆
足智多謀	**60.4**	♇

63.6　懷舊之情

♃ ▲ 相當清楚要避免將之前的掙扎，轉為執著。
　　將舊有的懷疑，拋諸腦後的邏輯。

♇ ▼ 懷舊的革命情感。
　　缺乏邏輯，深陷在過往的猜忌與懷疑中，無法自拔。

☽64 ☰ 10:14

☽47 ☰ 21:20

20:43

Wednesday, March 8
midnight

22.1

2023/03/08 04:34 TWN
農曆 2/17（三）

優雅
次等艙

21-45　金錢線

日	**22.1**	次等艙
地	**47.1**	盤點
月	▼**47.4**	鎮壓
北交	**27.4**	慷慨
南交	**28.4**	堅持
水	**37.3**	平等對待
金	**51.5**	對稱
火	▼**45.6**	重新審視
木	▲ **21.5**	客觀性
土	**30.6**	強制
天	▼ **2.3**	耐性
海	**36.3**	過渡
冥	**60.4**	足智多謀

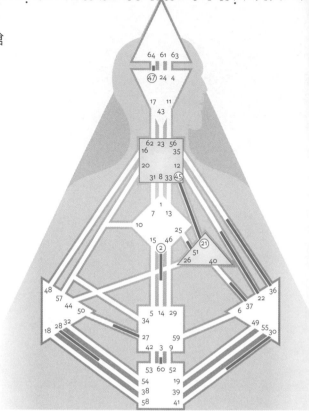

22.1　次等艙

☽ ▲ 能接受也享受部屬的位置。
　　情感層面，察覺自己喜愛當下屬。

♂ ▼ 拿著次等艙的機票，卻聲稱要坐在頭等艙，不可避免招來羞辱。
　　以情緒來挑戰現有覺知，導致在社交上帶來屈辱。

☽6 ☰☱
08:22

☽46 ☷☳
19:20

♄55 ☶☳
23:08

Thursday, March 9
midnight

2023
03/08
8　　10　　12　　14　　16　　18　　20

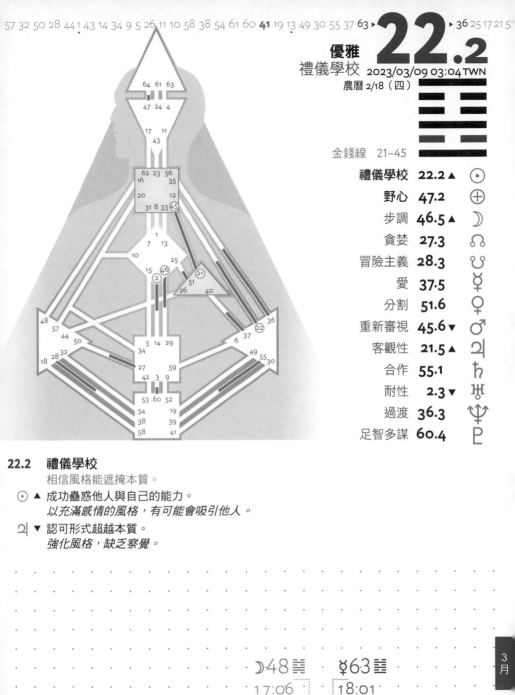

優雅
禮儀學校 2023/03/09 03:04 TWN
農曆 2/18（四）

金錢線　21–45

禮儀學校	22.2 ▲	☉
野心	47.2	⊕
步調	46.5 ▲	☽
貪婪	27.3	☊
冒險主義	28.3	☋
愛	37.5	☿
分割	51.6	♀
重新審視	45.6 ▼	♂
客觀性	21.5 ▲	♃
合作	55.1	♄
耐性	2.3 ▼	♅
過渡	36.3	♆
足智多謀	60.4	♇

22.2　禮儀學校

相信風格能遮掩本質。

☉ ▲ 成功蠱惑他人與自己的能力。
　　以充滿感情的風格，有可能會吸引他人。

♃ ▼ 認可形式超越本質。
　　強化風格，缺乏察覺。

☽48☶
17:06

☿63☶
18:01

☽18☷
06:15

♀42☶
15:07

♂12☶
18:42

Friday, March 10
midnight

6　　8　　10　　12　　14　　16　　18　　20

22.3

2023/03/10 01:34 TWN

優雅
魔法師

農曆 2/19（五）

12-22　開放

日	▼**22.3**	魔法師
地	**47.3**	自我壓抑
月	▼**48.5**	行動
北交	**27.3**	貪婪
南交	**28.3**	冒險主義
水	**63.1**	沉著
金	▼**42.1**	多樣化
火	**12.1**	修道士、僧侶
木	▲ **21.5**	客觀性
土	**55.1**	合作
天	▼ **2.3**	耐性
海	**36.3**	過渡
冥	**60.4**	足智多謀

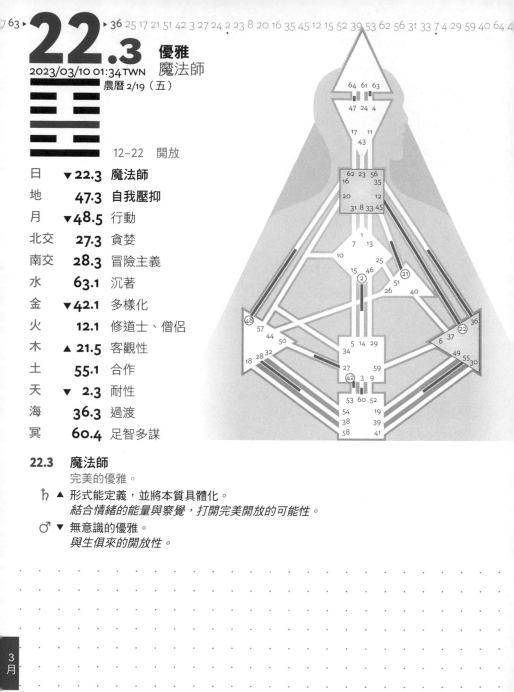

22.3　魔法師
完美的優雅。

♄ ▲ 形式能定義，並將本質具體化。
　　結合情緒的能量與察覺，打開完美開放的可能性。

♂ ▼ 無意識的優雅。
　　與生俱來的開放性。

☽57 ☰
03:54

☽32 ☰
14:37
Saturday, March 11
midnight

3
月

2023
03/10　　6　　8　　10　　12　　14　　16　　18　　20

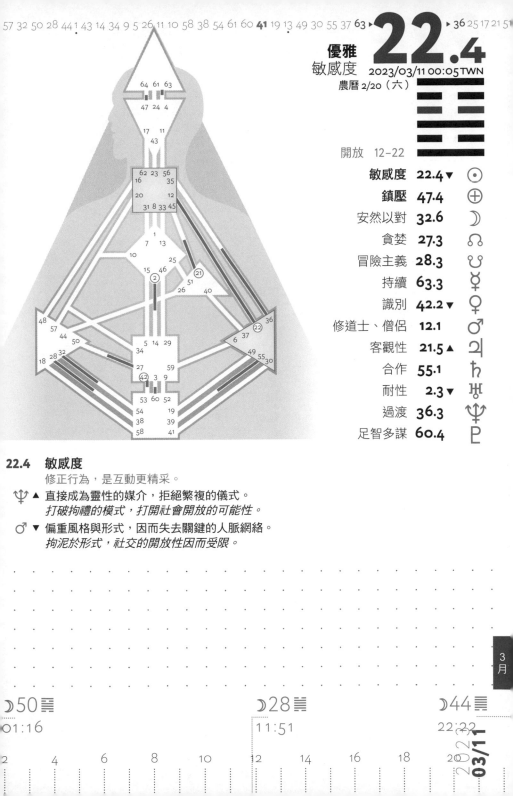

優雅
敏感度

22.4

2023/03/11 00:05 TWN
農曆 2/20（六）

開放　12-22

敏感度	**22.4** ▼	☉
鎮壓	**47.4**	⊕
安然以對	**32.6**	☽
貪婪	**27.3**	☊
冒險主義	**28.3**	☋
持續	**63.3**	☿
識別	**42.2** ▼	♀
修道士、僧侶	**12.1**	♂
客觀性	**21.5** ▲	♃
合作	**55.1**	♄
耐性	**2.3** ▼	♅
過渡	**36.3**	♆
足智多謀	**60.4**	♇

22.4　敏感度

修正行為，是互動更精采。

♆ ▲ 直接成為靈性的媒介，拒絕繁複的儀式。
　　打破拘禮的模式，打開社會開放的可能性。

♂ ▼ 偏重風格與形式，因而失去關鍵的人脈網絡。
　　拘泥於形式，社交的開放性因而受限。

3
月

☽50
01:16

☽28
11:51

☽44
22:22

2　　4　　6　　8　　10　　12　　14　　16　　18　　20

2023
03/11

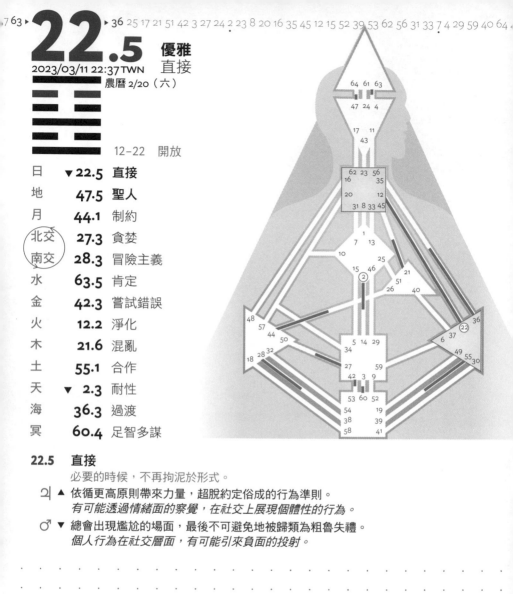

22.5

優雅
直接

2023/03/11 22:37 TWN

農曆 2/20（六）

12–22　開放

日	▼ 22.5	直接
地	47.5	聖人
月	44.1	制約
北交	27.3	貪婪
南交	28.3	冒險主義
水	63.5	肯定
金	42.3	嘗試錯誤
火	12.2	淨化
木	21.6	混亂
土	55.1	合作
天	▼ 2.3	耐性
海	36.3	過渡
冥	60.4	足智多謀

22.5　直接

必要的時候，不再拘泥於形式。

♃ ▲ 依循更高原則帶來力量，超脫約定俗成的行為準則。
　　有可能透過情緒面的察覺，在社交上展現個體性的行為。

♂ ▼ 總會出現尷尬的場面，最後不可避免地被歸類為粗魯失禮。
　　個人行為在社交層面，有可能引來負面的投射。

3
月

☽43

19:08

☽1

08:47

☿22

19:06

Sunday, March 12

midnight　　4　　6　　8　　10　　12　　14　　16　　18

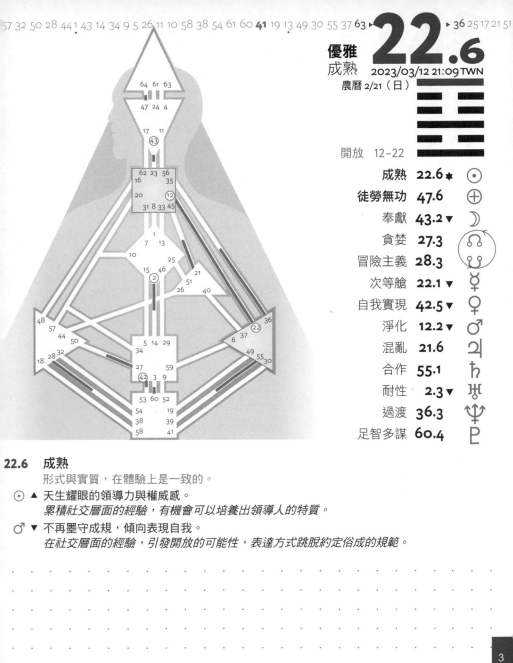

優雅
成熟

22.6

2023/03/12 21:09 TWN
農曆 2/21（日）

開放 12-22

成熟	**22.6**★	⊙
徒勞無功	**47.6**	⊕
奉獻	**43.2**▼	☽
貪婪	**27.3**	☊
冒險主義	**28.3**	☋
次等艙	**22.1**▼	☿
自我實現	**42.5**▼	♀
淨化	**12.2**▼	♂
混亂	**21.6**	♃
合作	**55.1**	♄
耐性	**2.3**▼	♅
過渡	**36.3**	♆
足智多謀	**60.4**	♇

22.6 成熟

形式與實質，在體驗上是一致的。

⊙ ▲ 天生耀眼的領導力與權威感。
累積社交層面的經驗，有機會可以培養出領導人的特質。

♂ ▼ 不再墨守成規，傾向表現自我。
在社交層面的經驗，引發開放的可能性，表達方式跳脫約定俗成的規範。

☽14 ☰ 05:24

☽34 ☰ 15:35

Monday, March 13
midnight 4 6 8 10 12 14 16

2023
03/13

3月

36.1

2023/03/13 19:42 TWN

農曆 2/22（一）

幽暗之光
抗拒

12–22　開放

日	**36.1**	抗拒
地	**6.1**	隱退
月	**34.3**	男子氣概
北交	**27.3**	貪婪
南交	**28.3**	冒險主義
水	▼**22.3**	魔法師
金	**42.6**	培育
火	▼**12.2**	淨化
木	**21.6**	混亂
土	**55.1**	合作
天	▼ **2.3**	耐性
海	**36.3**	過渡
冥	**60.4**	足智多謀

36.1　抗拒

♂ ▲ 面對阻力，充滿能量與決心，依然堅持。
　　處理危機，情緒的力量。

♃ ▼ 堅守原則而抗拒，並不是選擇性的抵抗，所以風險更低。將保有正常運作模式，卻引發反對聲浪。
　　抗拒改變，總是會帶來危機。

3月

2023 03/13

☽9 ☷   ♀3 ☷   ☽5 ☷
01:40   06:32   11:40

Tuesday, March 14
midnight   4   6   8   10   12   14   16

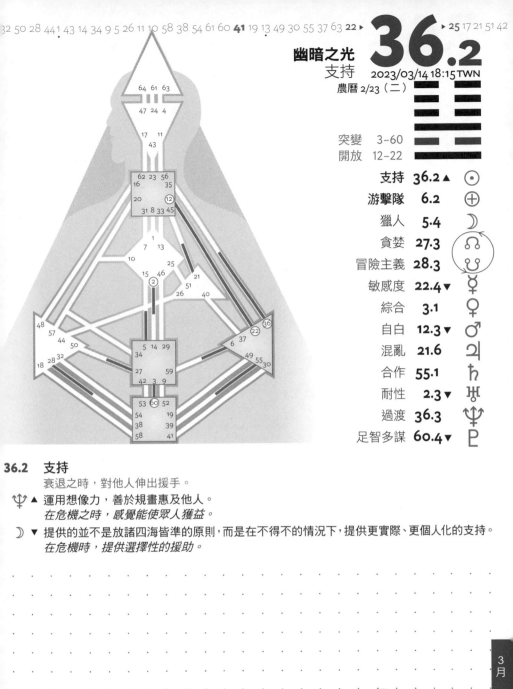

36.2

幽暗之光
支持   2023/03/14 18:15 TWN

農曆 2/23（二）

| 突變 | 3-60 |
| 開放 | 12-22 |

支持	36.2▲	☉
游擊隊	6.2	⊕
獵人	5.4	☾
貪婪	27.3	☊
冒險主義	28.3	☋
敏感度	22.4▼	☿
綜合	3.1	♀
自白	12.3▼	♂
混亂	21.6	♃
合作	55.1	♄
耐性	2.3▼	♅
過渡	36.3	♆
足智多謀	60.4▼	♇

36.2 支持

衰退之時，對他人伸出援手。

♆ ▲ 運用想像力，善於規畫惠及他人。
在危機之時，感覺能使眾人獲益。

☾ ▼ 提供的並不是放諸四海皆準的原則，而是在不得不的情況下，提供更實際、更個人化的支持。
在危機時，提供選擇性的援助。

☾26 ䷗   21:34

☾11 ䷓   07:22

◑   10:10

♃51 ䷓   12:47

Wednesday, March 15
midnight   4   6   8   10   12   14

3月

2023 03/15

22

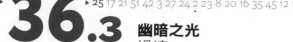

36.3

幽暗之光
過渡

2023/03/15 16:49 TWN

農曆 2/24（三）

3-60　突變
12-22　開放

日	**36.3**	**過渡**
地	**6.3**	**忠誠**
月	**11.6**	適應力
北交	**27.3**	貪婪
南交	**28.3**	冒險主義
水	▼**22.6**	成熟
金	**3.2**	未成熟
火	▼**12.3**	自白
木	**51.1**	參考
土	**55.1**	合作
天	▼ **2.3**	耐性
海	**36.3**	過渡
冥	▼**60.4**	足智多謀

36.3　過渡

谷底，衰退已然走至盡頭。

P ▲ 能自陳舊的灰燼中，建立起全新的秩序。
　　具備情感面的深度，能承受危機並接受改變。

A ▼ 更新，傾向吸取舊秩序的精華，試圖融入新秩序。風險在於若有朝一日舊勢力再起，將
　　與新秩序分庭抗衡。
　　接受改變，卻無法放下過去。

3月

☽10☰
17:06
☿36☷
18:03

☽58☷
02:44

☽38☶
12:16

2023
03/15

Thursday, March 16
midnight

20　　22　　　　　4　　6　　8　　10　　12

幽暗之光 **36.4**
間諜活動
2023/03/16 15:24 TWN
農曆 2/25（四）

突變 3-60
困頓掙扎 28-38

間諜活動	36.4	⊙
勝利	6.4	⊕
彬彬有禮	38.2 ▼	☽
貪婪	27.3	☊
冒險主義	28.3	☋
支持	36.2 ▲	☿
魅力	3.4	♀
先知	12.4	♂
參考	51.1	♃
合作	55.1	♄
隱匿	2.4	♅
過渡	36.3	♆
足智多謀	60.4 ▼	♇

36.4　間諜活動

♇ ▲ 收集各種祕密或情報的能力，預先為衰退做準備。
　　為危機與改變做好準備，不論是隱晦或神祕的知識，都有存在的必要性。

☽ ▼ 傾向贊同反對的力量，既然衰退不可避免，與其抗拒，不如接受。既然接受了，何不提供
　　服務，確保生存無虞。
　　雙重間諜，危機處理是極具價值的資訊，能提供給他人作為參考。

☽ 54 ䷬
21:44

Friday, March 17
midnight

☽ 61 ䷠
07:08

3月

18　　20　　22　　　　　4　　6　　　　8　　10　　2023
03/17

36.5

幽暗之光
祕密的

2023/03/17 13:59 TWN
農曆 2/26（五）

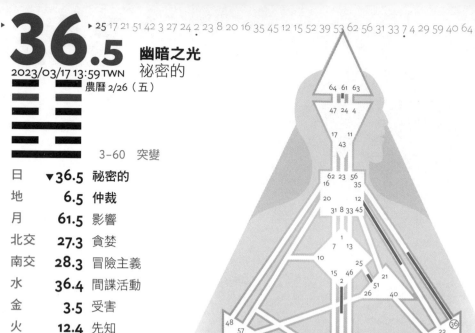

3-60　突變

日	▼**36.5**	祕密的
地	**6.5**	仲裁
月	**61.5**	影響
北交	**27.3**	貪婪
南交	**28.3**	冒險主義
水	**36.4**	間諜活動
金	**3.5**	受害
火	**12.4**	先知
木	**51.1**	參考
土	**55.2**	不信任
天	**2.4**	隱匿
海	**36.3**	過渡
冥	▼**60.4**	足智多謀

36.5　祕密的

♇ ▲ 無論任何情況，都能完美地找到求生之道。
　　既是生產者也是倖存者，對危機免疫。

☿ ▼ 過於緊張，背叛自我。
　　面對危機時，因為緊張而出賣了自己。

☽60☷
16:27

☽41☷
01:42

☽19☷
10:55

2023
03/17

18　20　22　midnight　4　6　8　10

Saturday, March 18

幽暗之光
正義

36.6

2023/03/18 12:35 TWN
農曆 2/27（六）

突變　3-60

正義	**36.6**	☉
調停者	**6.6**	⊕
服務	**19.2**	☽
貪婪	**27.3**	☊
冒險主義	**28.3**	☋
正義	**36.6**	☿
臣服	**3.6**▾	♀
實用主義者	**12.5**▾	♂
參考	**51.1**	♃
不信任	**55.2**	♄
隱匿	**2.4**	♅
過渡	**36.3**	♆
足智多謀	**60.4**▾	♇

36.6　正義

正義終將留存，無庸置疑。

♃ ▲ 不管是知識或信念層面，都堅信黑暗的力量最終將自我毀滅。「上帝要毀滅一個人，必先使其瘋狂。」
　　若來自於純粹的情感，危機的存在是正確的。

♄ ▾ 就算理解黑暗終將毀滅，憤世嫉俗的本性，也無法抹去底層的悲傷。
　　就算明白有任何感覺都是正確的，危機還是一直存在，悲傷與憤世嫉俗皆源於此。

3
月

☿25☰　　　☽13☰　♀27☰　　　　　☽49☰
15:12　　　20:05　22:25　　　　　05:12

Sunday, March 19
midnight

16　　18　　20　　22　　midnight　4　　6　　8

2023
03/19

25.1

天真
無私

2023/03/19 11:11 TWN

農曆 2/28（日）

25-51　發起

日	▼ **25.1**	**無私**
地	**46.1**	在發現的過程中
月	**49.4**	平台
北交	**27.3**	貪婪
南交	**28.3**	冒險主義
水	▲ **25.2**	存在主義者
金	**27.1**	自私
火	▼ **12.5**	實用主義者
木	**51.1**	參考
土	**55.2**	不信任
天	**2.4**	隱匿
海	**36.3**	過渡
冥	**60.4**	足智多謀

25.1　無私

無所求的行動。

♆ ▲ 活動的普及化。心靈和諧共振就是獎賞。
　　若能回歸個人的中心點，就能與挑戰和諧共存。

☿ ▼ 宣揚自己的無私。
　　面臨挑戰時，顯露出不安全感。

☽30▤
14:19

☽55▤
23:24

☽37▤
08:30

Monday, March 20
midnight

2023
03/19

3
月

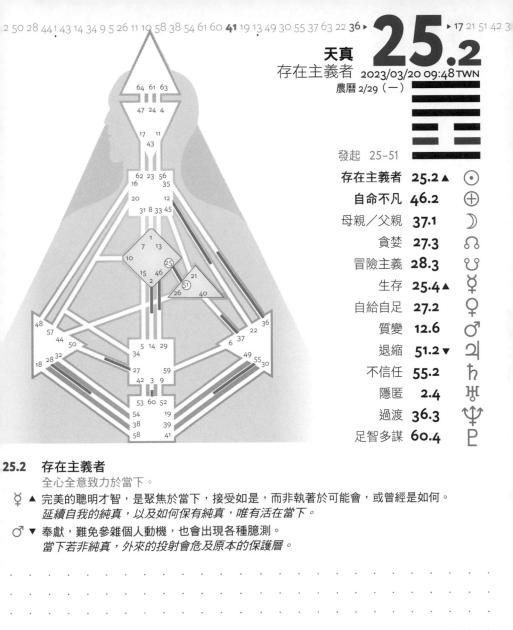

天真 **25.2**
存在主義者 2023/03/20 09:48 TWN
農曆 2/29（一）

發起 25-51

存在主義者	**25.2** ▲	⊙
自命不凡	**46.2**	⊕
母親／父親	**37.1**	☽
貪婪	**27.3**	☊
冒險主義	**28.3**	☋
生存	**25.4** ▲	☿
自給自足	**27.2**	♀
質變	**12.6**	♂
退縮	**51.2** ▼	♃
不信任	**55.2**	♄
隱匿	**2.4**	♅
過渡	**36.3**	♆
足智多謀	**60.4**	♇

25.2 **存在主義者**
全心全意致力於當下。

☿ ▲ 完美的聰明才智，是聚焦於當下，接受如是，而非執著於可能會，或曾經是如何。
延續自我的純真，以及如何保有純真，唯有活在當下。

♂ ▼ 奉獻，難免參雜個人動機，也會出現各種臆測。
當下若非純真，外來的投射會危及原本的保護層。

☽63 ䷜
17:37
☽22 ䷜
02:45
Tuesday, March 21
midnight

12   14   16   18   20   2   4

2023
03/21

25.3

天真
感性

2023/03/21 08:26 TWN

農曆 2/30（二）春分

12-22　開放
25-51　發起

日	**25.3**	**感性**
地	**46.3**	投射
月	▼**22.4**	敏感度
北交	**27.3**	貪婪
南交	**28.3**	冒險主義
水	**25.6**	無知
金	**27.4**	慷慨
火	**12.6**	質變
木	▼**51.2**	退縮
土	**55.2**	不信任
天	**2.4**	隱匿
海	**36.3**	過渡
冥	**60.4**	足智多謀

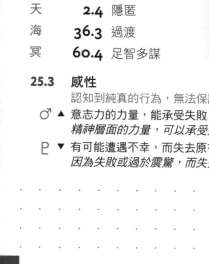

25.3　感性

認知到純真的行為，無法保證成功。

♂ ▲ 意志力的力量，能承受失敗，依然保有本性。
精神層面的力量，可以承受失敗與驚嚇。

♇ ▼ 有可能遭遇不幸，而失去原有的純真，若走至極端，可能引發出犯罪或自殺等行為。
因為失敗或過於震驚，而失去靈魂的本質。

3
月

☿17 ䷜
10:59

☽17
06:26

☽36 ䷜
11:55

☽25 ䷜
21:09

01:27

♂15 ䷜
04:01

Wednesday, March 22
midnight

2023
03/21

12　　14　　16　　18　　20　　　　　　2　　4

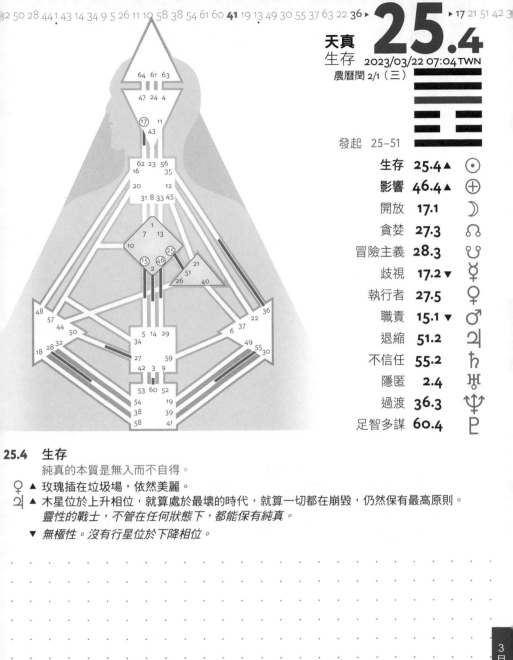

天真 **25.4**
生存 2023/03/22 07:04 TWN
農曆閏 2/1（三）

發起 25-51

生存	**25.4▲**	☉
影響	**46.4▲**	⊕
開放	**17.1**	☽
貪婪	**27.3**	☊
冒險主義	**28.3**	☋
歧視	**17.2▼**	☿
執行者	**27.5**	♀
職責	**15.1▼**	♂
退縮	**51.2**	♃
不信任	**55.2**	♄
隱匿	**2.4**	♅
過渡	**36.3**	♆
足智多謀	**60.4**	♇

25.4 生存
　　純真的本質是無入而不自得。

♀ ▲ 玫瑰插在垃圾場，依然美麗。

♃ ▲ 木星位於上升相位，就算處於最壞的時代，就算一切都在崩毀，仍然保有最高原則。
　　靈性的戰士，不管在任何狀態下，都能保有純真。

　　▼ 無極性。沒有行星位於下降相位。

☽21 15:47

☽51 01:14

Thursday, March 23
midnight

2023
03/23

10　　12　　14　　16　　18　　20　　　　　2

25.5

天真
休養

2023/03/23 05:44 TWN

農曆閏 2/2（四）

25–51　發起

日	▼25.5	休養
地	46.5	步調
月	★51.3	適應
北交	27.3	貪婪
南交	28.3	冒險主義
水	17.4	人事經理
金	27.6	警惕
火	▼15.1	職責
木	51.2	退縮
土	55.2	不信任
天	2.4	隱匿
海	36.3	過渡
冥	60.4	足智多謀

25.5　休養

當純真不再，活力盡失，療癒是最重要的事。

♀ ▲ 能深入了解痛苦的內在意涵，抽離，進行療癒，直到復原為止。
　　治療與復原的精神力量。

♃ ▼ 疑病症，需要別人來治療自己。
　　精神上的弱點在於，渴望療癒別人的需求。

☽42 ䷏
10:47

♀24 ䷏
14:50

☽3 ䷂
20:26

Friday, March 24
midnight

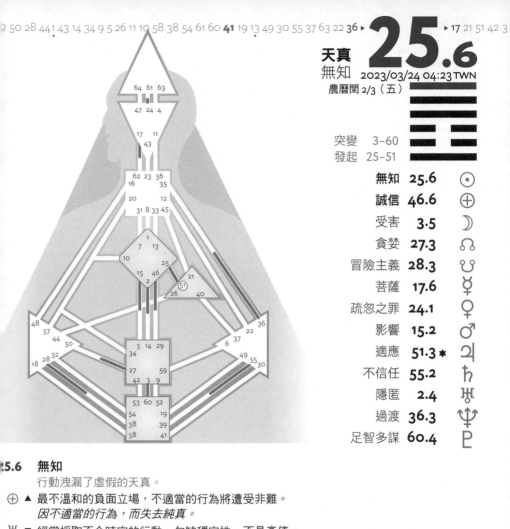

天真
無知
農曆閏 2/3（五）

25.6
2023/03/24 04:23 TWN

| 突變 | 3-60 |
| 發起 | 25-51 |

無知	**25.6**	☉
誠信	**46.6**	⊕
受害	**3.5**	☽
貪婪	**27.3**	☊
冒險主義	**28.3**	☋
菩薩	**17.6**	☿
疏忽之罪	**24.1**	♀
影響	**15.2**	♂
適應	**51.3★**	♃
不信任	**55.2**	♄
隱匿	**2.4**	♅
過渡	**36.3**	♆
足智多謀	**60.4**	♇

25.6   無知

行動洩漏了虛假的天真。

⊕ ▲ 最不溫和的負面立場，不適當的行為將遭受非難。
因不適當的行為，而失去純真。

♅ ▼ 經常採取不合時宜的行動，欠缺穩定性，不具產值。
純真的假象崩毀，面對挑戰時，經常展現出不當行為，失去純真。

〖21 ☷
6:01
☽27 ☷
6:11

☽24 ☷
16:04

☽2 ☷
02:05

Saturday, March 25
midnight

8   10   12   14   16   18   20

17.1

2023/03/25 03:04 TWN

農曆閏 2/4（六）

跟隨
開放

日	**17.1**	開放
地	▲**18.1**	保守主義
月	**2.1**	直覺
北交	**27.3**	貪婪
南交	**28.3**	冒險主義
水	**21.2**	強權即公理
金	**24.2**	認可
火	**15.2**	影響
木	▼**51.3**	適應
土	**55.2**	不信任
天	**2.4**	隱匿
海	**36.4**	間諜活動
冥	**60.4**	足智多謀

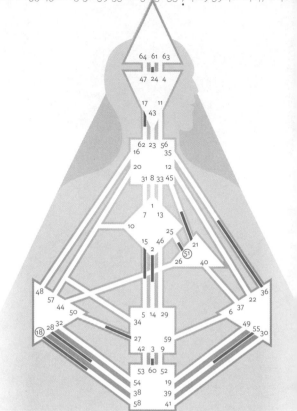

17.1 開放

♂ ▲ 能接納各種刺激的能量。
　　有可能接受許多觀點。

♀ ▼ 傾向接受有美感，令人愉悅的刺激就好，有限的開放。
　　想法僅限於自己喜好的領域。

☽23☰
12:14

☽8☷
22:31

Sunday, March 26
midnight

2023
03/25

8　　10　　12　　14　　16　　18　　20

17.2

跟隨
歧視　2023/03/26 01:46 TWN
農曆閏 2/5（日）

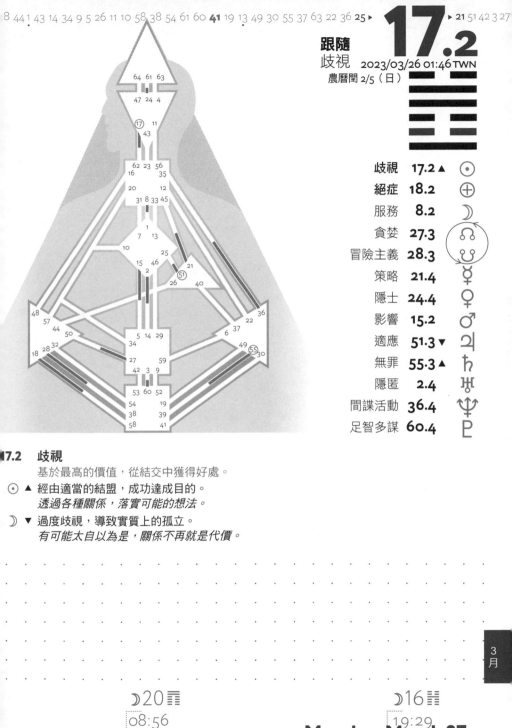

歧視	**17.2** ▲	☉
絕症	**18.2**	⊕
服務	**8.2**	☽
貪婪	**27.3**	☊
冒險主義	**28.3**	☋
策略	**21.4**	☿
隱士	**24.4**	♀
影響	**15.2**	♂
適應	**51.3** ▼	♃
無罪	**55.3** ▲	♄
隱匿	**2.4**	♅
間諜活動	**36.4**	♆
足智多謀	**60.4**	♇

17.2　歧視

　　基於最高的價值，從結交中獲得好處。

☉ ▲ 經由適當的結盟，成功達成目的。
　　透過各種關係，落實可能的想法。

☽ ▼ 過度歧視，導致實質上的孤立。
　　有可能太自以為是，關係不再就是代價。

☽ 20 ䷜
08:56

☽ 16 ䷏
19:29

Monday, March 27
midnight

4　　6　　8　　10　　12　　14　　16　　18

17.3

跟隨
理解

2023/03/27 00:28 TWN

農曆閏 2/6（一）

日	**17.3**	理解
地	**18.3**	狂熱分子
月 ▲	**16.3**	獨立
北交	**27.3**	貪婪
南交	**28.3**	冒險主義
水	**21.6**	混亂
金	**24.5**	自白
火	**15.3**	自我膨脹
木 ▼	**51.3**	適應
土 ▲	**55.3**	無罪
天	**2.4**	隱匿
海	**36.4**	間諜活動
冥	**60.4**	足智多謀

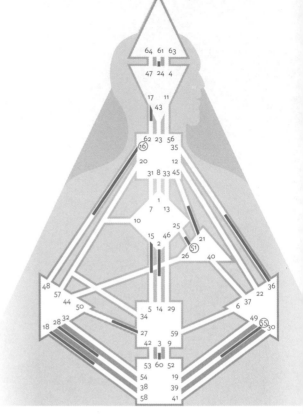

17.3　理解

察覺最好的道路，未必是最有趣的那一條。

♇ ▲ 最好的道路，會讓你累積必要的經驗值，讓你迎向終點的挑戰。
　　理解最好的想法，往往建構於細節之上。

⊕ ▼ 若走捷徑，也許能快點到達終點，卻錯失了必要的體驗。
　　若忽略細節，提出的意見價值有限。

3月

☿51 〓 35 〓 〓 45 〓
01:13 06:10 16:58

2023
03/27

4　　6　　8　　10　　12　　14　　16　　18　　20

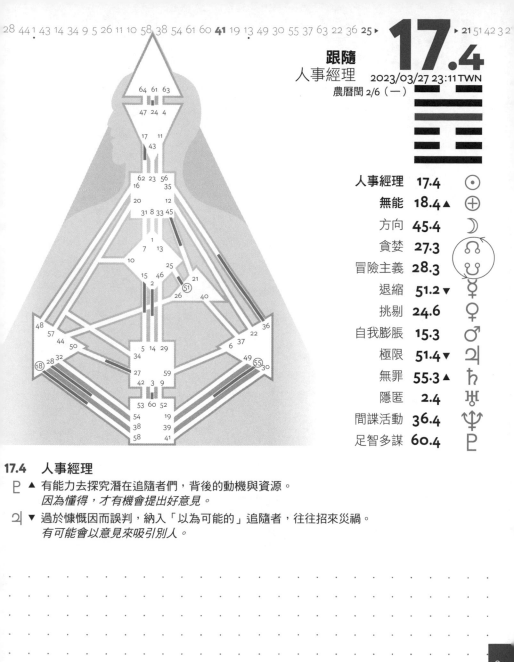

28 44 1 43 14 34 9 5 26 11 10 58 38 54 61 60 **41** 19 13 49 30 55 37 63 22 36 **25** ▶ 　　▶ **21** 51 42 3 2

跟隨 **17.4**
人事經理　2023/03/27 23:11 TWN
農曆閏 2/6（一）

人事經理	17.4	⊙
無能	18.4▲	⊕
方向	45.4	☽
貪婪	27.3	☊
冒險主義	28.3	☋
退縮	51.2▼	☿
挑剔	24.6	♀
自我膨脹	15.3	♂
極限	51.4▼	♃
無罪	55.3▲	♄
隱匿	2.4	♅
間諜活動	36.4	♆
足智多謀	60.4	♇

17.4　人事經理

♇ ▲ 有能力去探究潛在追隨者們，背後的動機與資源。
　　因為懂得，才有機會提出好意見。

♃ ▼ 過於慷慨因而誤判，納入「以為可能的」追隨者，往往招來災禍。
　　有可能會以意見來吸引別人。

17.5

跟隨
無人是孤島

2023/03/28 21:55 TWN
農曆閏 2/7（二）

日	**17.5**	無人是孤島
地	**18.5**	治療
月	**15.4**	壁花
北交	**27.3**	貪婪
南交	**28.3**	冒險主義
水	▼ **51.4**	極限
金	▲ **2.1**	直覺
火	**15.4**	壁花
木	▼ **51.4**	極限
土	▲ **55.3**	無罪
天	▲ **2.4**	隱匿
海	**36.4**	間諜活動
冥	**60.4**	足智多謀

17.5　無人是孤島

理解，然而也明白階級無盡頭。

♁ ▲ 不論是神的旨意，或是全球化整合的趨勢，相互依賴是最終，也最具創造力的展現。
不論在物質或靈性面，有能力傳達整體組織的價值。

♂ ▼ 傲慢。無視所有證據論述，劃清界線。
有可能會提出論點，否認組織架構的價值。

☽52 ☷　　　◑　　☽39 ☷

02:03　　　　　　10:33　13:15

Wednesday, March 29

midnight　　4　　　6　　　8　　　10　　　12　　　14　　　16　　　18

3
月

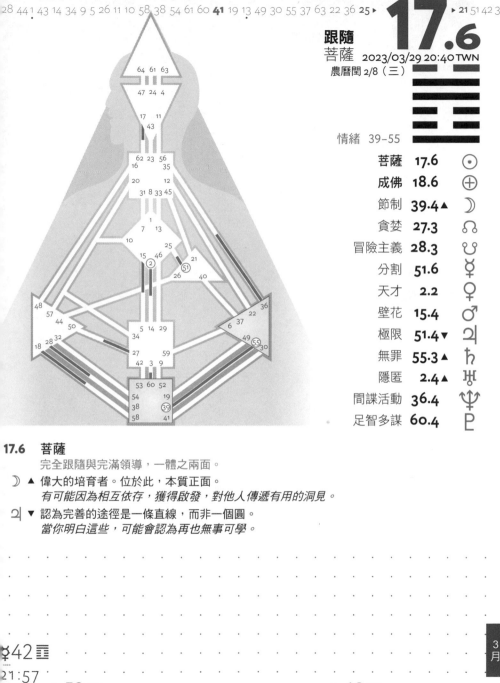

跟隨
17.6
菩薩　2023/03/29 20:40 TWN
農曆閏 2/8（三）

情緒　39–55

菩薩	**17.6**	☉
成佛	**18.6**	⊕
節制	**39.4▲**	☽
貪婪	**27.3**	☊
冒險主義	**28.3**	☋
分割	**51.6**	☿
天才	**2.2**	♀
壁花	**15.4**	♂
極限	**51.4▼**	♃
無罪	**55.3▲**	♄
隱匿	**2.4▲**	♅
間諜活動	**36.4**	♆
足智多謀	**60.4**	♇

17.6　菩薩
　　完全跟隨與完滿領導，一體之兩面。

☽　▲　偉大的培育者。位於此，本質正面。
　　　有可能因為相互依存，獲得啟發，對他人傳遞有用的洞見。

♃　▼　認為完善的途徑是一條直線，而非一個圓。
　　　當你明白這些，可能會認為再也無事可學。

☿42 ▤
21:57

☽53 ▤
00:31
Thursday, March 30
midnight　　4　　6　　8　　10　　12　　14　　16

☽62 ▤
11:50

2023
03/30

21.1

奮勇前進
警告

2023/03/30 19:25 TWN

農曆閏 2/9（四）

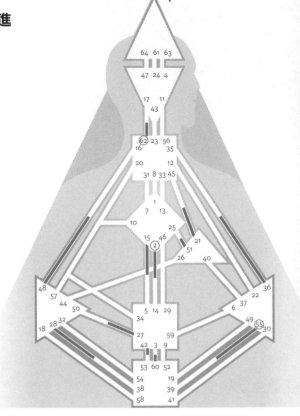

日	**21.1**	**警告**
地	**48.1**	微不足道
月	▲**62.5**	質變
北交	**27.3**	貪婪
南交	**28.3**	冒險主義
水	**42.2**	識別
金	▲ **2.4**	隱匿
火	**15.5**	敏感性
木	**51.4**	極限
土	▲**55.3**	無罪
天	▲ **2.4**	隱匿
海	**36.4**	間諜活動
冥	**60.4**	足智多謀

21.1 警告

以孤注一擲的方式使用力量。

♂ ▲ 沒做事，也強烈認為應被尊重。
攸關意志力與自尊心，亟需被尊重。

☾ ▼ 天生平和，原本應該要警告，卻講成懇求。
欠缺意志力，被迫要求對方尊重自己。

3
月

☾56 23:12

☾31 10:34

Friday, March 31
midnight   4   6   8   10   12   14   16

2023
03/30

21.2

奮勇前進
強權即公理

2023/03/31 18:12 TWN

農曆閏 2/10（五）

強權即公理	**21.2**	⊙
退化	**48.2**	⊕
自以為是	**31.5 ▾**	☽
貪婪	**27.3**	☊
冒險主義	**28.3**	☋
中間人	**42.4**	☿
靈活應用	**2.5**	♀
敏感性	**15.5**	♂
對稱	**51.5**	♃
無罪	**55.3 ▴**	♄
隱匿	**2.4 ▴**	♅
間諜活動	**36.4**	♆
領導力	**60.5**	♇

21.2 強權即公理

對於公然介入的情況，採取合法行動作為回應。

♂ ▴ 強而有力的激烈回應。在此，最嚴厲的回應最成功。
拒絕物質層面的介入，是正當的作為。

♆ ▾ 不管多麼合理，內在感到非常後悔。
對激進嚴厲的做法，感到不適當。

☽33 ▤ 21:57

☽7 ▤ 09:19

Saturday, April 1

midnight

22   4   6   8   10   12   14

3月

2023 04/01

21.3

奮勇前進
無力

2023/04/01 16:59 TWN

農曆閏 2/11（六）愚人節

日	**21.3**	**無力**
地	**48.3**	單獨監禁
月	**7.5**	將軍
北交	**27.3**	貪婪
南交	**28.3**	冒險主義
水	**42.6**	培育
金	**2.6**	定格
火	**15.6**	自我防衛
木	**51.5**	對稱
土	▲ **55.3**	無罪
天	▲ **2.4**	隱匿
海	**36.4**	間諜活動
冥	**60.5**	領導力

21.3   **無力**

正義注定要與占盡優勢的力量，進行徒勞無功的對抗。

♆ ▲ 將失敗視為致命的屈辱，藉由毒品或酒精來逃脫。
　　除非遵循自己在物質世界的路徑，否則自尊心很容易被占優勢的人所擊碎。

♃ ▼ 完全抽離。
　　為了維護自尊心，對於物質世界的一切興趣缺缺。

4月

☽ 4 ䷀   ☿ 3 ䷀   ♀ 23 ䷀   ☽ 29 ䷀

20:39   22:16   01:34   07:57

Sunday, April 2

2023 04/01

midnight   4   6   8   10   12

奮勇前進
策略

21.4

2023/04/02 15:47 TWN
農曆閏 2/12（日）

突變　3-60

策略	**21.4**	⊙
重建	**48.4▼**	⊕
過度擴張	**29.5**	☽
貪婪	**27.3**	☊
冒險主義	**28.3**	☋
未成熟	**3.2**	☿
傳教	**23.1**	♀
自我防衛	**15.6**	♂
對稱	**51.5**	♃
無罪	**55.3▲**	♄
隱匿	**2.4**	♅
間諜活動	**36.4**	♆
領導力	**60.5**	♇

21.4　策略

　　謹慎評估反對勢力，給予適當回應。

♃ ▲ 清明的狀態下，行動才會成功。
　　有效運用意志力，如同本能般，可以回應任何狀況。

⊕ ▼ 或自認有理，有誤判對手實力的傾向。
　　得理就容易剛愎自用，而忘了遵循本能。

♂52
16:20

☽59
19:13

☽40
06:24

Monday, April 3
midnight

21.5

2023/04/03 14:36 TWN

奮勇前進
客觀性

農曆閏 2/13（一）

3-60　突變

日	**21.5**	**客觀性**
地	**48.5**	**行動**
月	**40.5**	剛硬
北交	**27.3**	貪婪
南交	**28.3**	冒險主義
水	**3.4**	魅力
金	**23.2**	自我防衛
火	▼**52.1**	先思而後言
木	**51.5**	對稱
土	**55.4**	同化
天	**2.4**	隱匿
海	**36.4**	間諜活動
冥	**60.5**	領導力

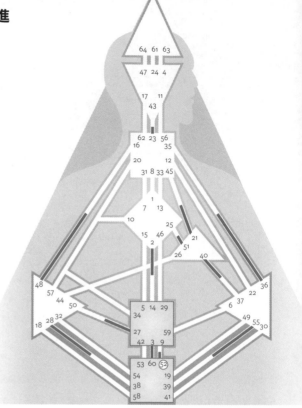

21.5　客觀性

運用權力必須基於公正，而非感情用事。

刋 ▲ 秉持原則，堅持合理，確保自己是客觀的。
當意志力平衡時，能客觀運作。

臣 ▼ 消滅的驅動力非常強大，會以客觀的角度找出原因，卻無法客觀看待所造成的影響。
主觀地運用意志力。

4月

☽64 17:32

☽47 04:36

Tuesday, April 4
midnight

2023 04/03

18　　20　　22　　　　4　　6　　8　　10

21.6

奮勇前進
混亂　2023/04/04 13:26 TWN
農曆閏 2/14（二）兒童節

突變　3-60

混亂	**21.6**	☉
自我滿足	**48.6**	⊕
聖人	**47.5**	☽
貪婪	**27.3**	☊
冒險主義	**28.3**	☋
受害	**3.5**	☿
分裂	**23.4**	♀
關心	**52.2 ▼**	♂
分割	**51.6**	♃
同化	**55.4**	♄
隱匿	**2.4**	♅
間諜活動	**36.4**	♆
領導力	**60.5**	♇

21.6　混亂

無效的行為導致失序。

♇ ▲ 消耗戰。抱持希望，認為最終必然會成功，不顧險阻，也不管失序越演越烈，還是會持續正當的行動。
脫離現實，展現意志只會引發失序。

♀ ▼ 在混亂的局面下，選擇抽離，回歸內在的秩序。
當物質層面的方向混亂，自我會先抽離，以自己的力量，找到內在的秩序。

☽6　15:35

☽46　02:29

☿27　05:50

Wednesday, April 5
midnight

16　18　20　22　4　6　8

2023 04/05

51.1

激起
參考

2023/04/05 12:16 TWN

農曆閏 2/15（三）清明

日	**51.1**	**參考**
地	**57.1**	**困惑**
月	**46.6**	誠信
北交	**27.3**	貪婪
南交	**28.3**	冒險主義
水	**27.1**	自私
金	**23.5**	同化
火	▼**52.2**	關心
木	▲**51.6**	分割
土	**55.4**	同化
天	**2.5**	靈活應用
海	**36.4**	間諜活動
冥	**60.5**	領導力

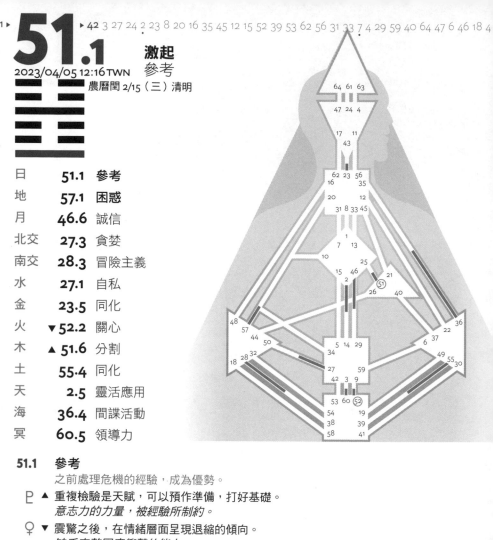

51.1 參考

之前處理危機的經驗，成為優勢。

♇ ▲ 重複檢驗是天賦，可以預作準備，打好基礎。
　　意志力的力量，被經驗所制約。

♀ ▼ 震驚之後，在情緒層面呈現退縮的傾向。
　　缺乏完整因應衝擊的能力。

4月

☽18 ☰
13:18

☽48 ☰
00:03

☽57 ☰
10:42

2023
04/05

16　　18　　20　　22

Thursday, April 6
midnight　　4　　6　　8

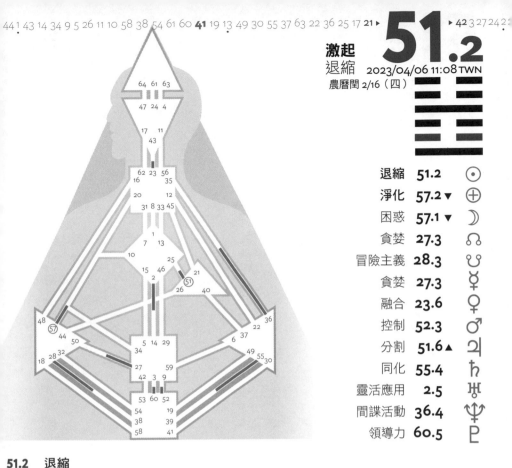

激起
51.2
退縮

2023/04/06 11:08 TWN
農曆閏 2/16（四）

退縮	**51.2**	☉
淨化	**57.2 ▼**	⊕
困惑	**57.1 ▼**	☾
貪婪	**27.3**	☊
冒險主義	**28.3**	☋
貪婪	**27.3**	☿
融合	**23.6**	♀
控制	**52.3**	♂
分割	**51.6 ▲**	♃
同化	**55.4**	♄
靈活應用	**2.5**	♅
間諜活動	**36.4**	♆
領導力	**60.5**	♇

51.2　退縮

♂ ▲ 對驚嚇的運作機制了然於心，而抽離是唯一合乎邏輯的舉動。
　　　當自我受到威脅，抽離退縮是本能反應。

☿ ▼ 聰明反被聰明誤，太過自滿相信人定勝天，拒絕抽身。
　　　拒絕抽離的利己主義者，失敗可能就此降臨。

♀8▦ 20:03
☾32▦ 21:17
☾50▦ 07:46

12:37

Friday, April 7
midnight

14　16　18　20　22　　　4　6

4
月

04/07

51.3

激起
適應

2023/04/07 10:00 TWN

農曆閏 2/17（五）

≡≡

27-50　保存

日	★ **51.3**	適應
地	**57.3**	敏銳
月	**50.2**	決斷力
北交	**27.3**	貪婪
南交	**28.3**	冒險主義
水	**27.4**	慷慨
金	**8.1**	誠實
火	**52.3**	控制
木	▲ **51.6**	分割
土	**55.4**	同化
天	**2.5**	靈活應用
海	**36.4**	間諜活動
冥	**60.5**	領導力

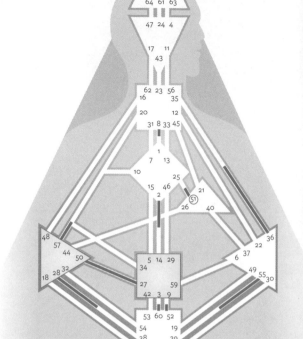

51.3　適應

⊙ ▲ 延續生命的意識，能夠獨立思考，進而創造機會。
　　　面對挑戰時，自發的力量。

♃ ▼ 當一個人的日常作息被擾亂，呈現不穩定的狀態，會傾向退縮，而非適應。
　　　面對挑戰時，自我可能就此動搖。

4
月

2023
04/07

14　　16　　18　　20　　22

☽28 ≡ 18:11

♃42 ≡ 02:18

☽44 ≡ 04:32

Saturday, April 8
midnight　　4　　6

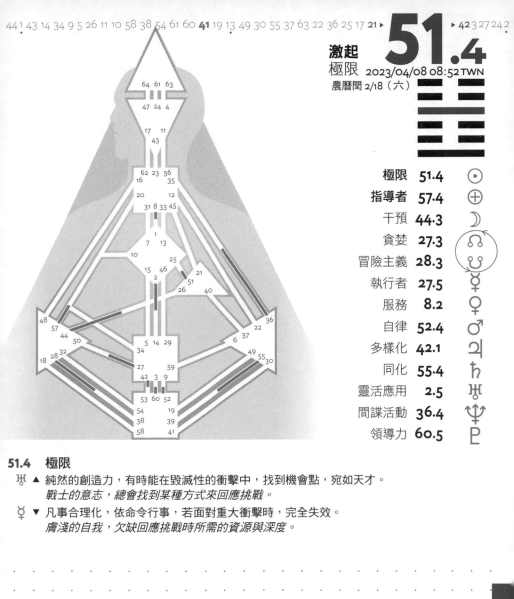

激起 ## 51.4
極限 2023/04/08 08:52 TWN
農曆閏 2/18（六）

極限	**51.4**	☉
指導者	**57.4**	⊕
干預	**44.3**	☽
貪婪	**27.3**	☊
冒險主義	**28.3**	☋
執行者	**27.5**	☿
服務	**8.2**	♀
自律	**52.4**	♂
多樣化	**42.1**	♃
同化	**55.4**	♄
靈活應用	**2.5**	♅
間諜活動	**36.4**	♆
領導力	**60.5**	♇

51.4　極限

♅ ▲ 純然的創造力，有時能在毀滅性的衝擊中，找到機會點，宛如天才。
　　戰士的意志，總會找到某種方式來回應挑戰。

☿ ▼ 凡事合理化，依命令行事，若面對重大衝擊時，完全失效。
　　膚淺的自我，欠缺回應挑戰時所需的資源與深度。

4
月

☽1 ▤
14:48

Sunday, April 9
midnight

☽43 ▤
00:59

☿24 ▤
04:17

2023
04/09

12　　14　　16　　18　　20　　　　　　2　　　4

51.5

激起
對稱

2023/04/09 07:46 TWN

農曆閏 2/19（日）復活節

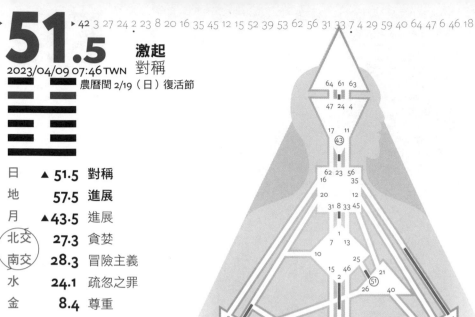

日	▲ **51.5**	**對稱**
地	**57.5**	**進展**
月	▲**43.5**	進展
北交	**27.3**	貪婪
南交	**28.3**	冒險主義
水	**24.1**	疏忽之罪
金	**8.4**	尊重
火	**52.4**	自律
木	**42.1**	多樣化
土	**55.4**	同化
天	**2.5**	靈活應用
海	**36.4**	間諜活動
冥	**60.5**	領導力

51.5 對稱

⊙ ▲ 充分掌握衝擊的本質，完美地發揚光大，能夠駕馭衝擊，避免衝擊所帶來的破壞力，回歸正常模式來蛻變，進而衍生出相對稱的適應方式。
依循本能找到適應之道，身為戰士的完美展現。

♂ ▼ 傾向回歸核心，與經歷過的衝擊和諧共存，卻再度被重創，不堪負荷。
利己主義者，沉浸於勝利中得意忘形，不知警惕。

⟩14 11:07

⟩34 21:10

Monday, April 10
midnight

2023
04/09

12 14 16 18 20 2 4

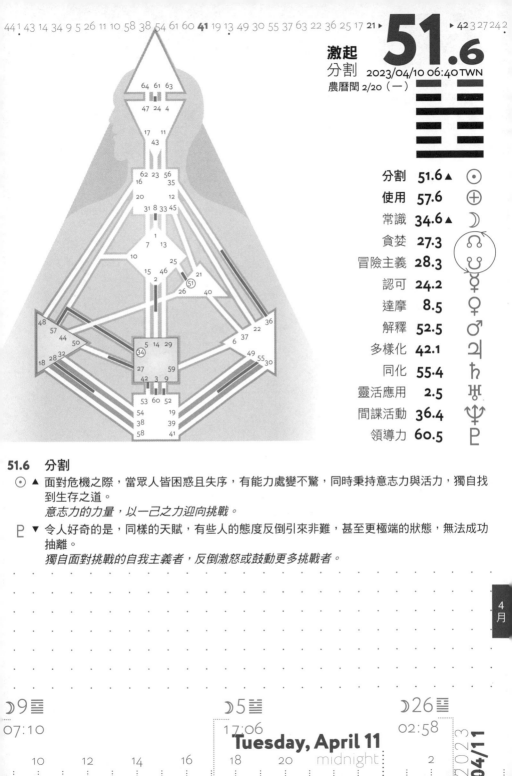

激起 **51.6**
分割
2023/04/10 06:40 TWN
農曆閏 2/20（一）

分割	**51.6**▲	☉
使用	**57.6**	⊕
常識	**34.6**▲	☾
貪婪	**27.3**	☊
冒險主義	**28.3**	☋
認可	**24.2**	♀
達摩	**8.5**	♂
解釋	**52.5**	♃
多樣化	**42.1**	♄
同化	**55.4**	♅
靈活應用	**2.5**	♆
間諜活動	**36.4**	♇
領導力	**60.5**	

51.6 分割

☉ ▲ 面對危機之際，當眾人皆困惑且失序，有能力處變不驚，同時秉持意志力與活力，獨自找到生存之道。
　　意志力的力量，以一己之力迎向挑戰。

♇ ▼ 令人好奇的是，同樣的天賦，有些人的態度反倒引來非難，甚至更極端的狀態，無法成功抽離。
　　獨自面對挑戰的自我主義者，反倒激怒或鼓動更多挑戰者。

☾9 07:10　　☾5 17:06　　☾26 02:58

Tuesday, April 11
midnight

10　12　14　16　18　20　2

2023
04/11

42.1

增加
多樣化

2023/04/11 05:35 TWN

農曆閏 2/21（二）

日	▲42.1	多樣化
地	32.1	保存
月	26.2	歷史的教訓
北交	27.3	貪婪
南交	28.3	冒險主義
水	24.3	上癮者
金	▲ 8.6	交誼
火	52.5	解釋
木	▲42.1	多樣化
土	55.4	同化
天	2.5	靈活應用
海	36.4	間諜活動
冥	60.5	領導力

42.1　多樣化

⊙ ▲ 有能力善用剩餘資源，採取行動，超越既定規模。
　　透過擴展而成長，尤其是連接根部動力時更顯著。

♀ ▼ 缺乏核心思想，散亂投注剩餘資源。
　　衰弱，太過激進的擴展，可能迎向衰弱。

4月

2023
04/11

☽11 ♀20 ☽10
12:47 15:22 22:32

Wednesday, April 12

10　12　14　16　18　20　midnight　2

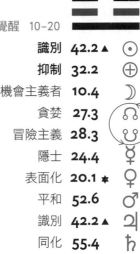

増加
識別 **42**.**2**

2023/04/12 04:30 TWN
農曆閏 2/22（三）

覺醒 10-20

識別	**42.2** ▲	☉
抑制	**32.2**	⊕
機會主義者	**10.4**	☽
貪婪	**27.3**	
冒險主義	**28.3**	
隱士	**24.4**	
表面化	**20.1** ✶	
平和	**52.6**	♂ ♃
識別	**42.2** ▲	♄
同化	**55.4**	♅
靈活應用	**2.5**	♆
間諜活動	**36.4**	♇
領導力	**60.5**	

42.2 識別

☉ ▲ 判別趨勢，敏銳從中獲益。
投入未來趨勢，從中成長獲得力量。

♀ ▼ 漸進變革之際，以苦行僧之姿抽離。
不再回應潮流或改變，不再成長。

☽58 08:14

☽38 17:54

Thursday, April 13
midnight

2023 04/13

42.3

增加
嘗試錯誤

2023/04/13 03:26 TWN

農曆閏 2/23（四）

28–38　困頓掙扎

日	**42.3**	**嘗試錯誤**
地	**32.3**	**缺乏連續性**
月	**38.6**	誤解
北交	**27.3**	貪婪
南交	**28.3**	冒險主義
水	**24.5**	自白
金	▲**20.2**	獨斷者
火	**52.6**	平和
木	▲**42.2**	識別
土	**55.5**	成長
天	**2.5**	靈活應用
海	**36.4**	間諜活動
冥	**60.5**	領導力

42.3　嘗試錯誤

向外擴張時，犯錯是必經過程。

♂ ▲ 充滿能量與定見，將錯誤轉化為優勢。
能夠接受錯誤是成長的一部分。

☽ ▼ 喜怒無常，面對錯誤陷入沉思，過於謹慎如履薄冰，其實並不必要。
錯誤會讓人更情緒化，更謹慎小心。

4月

☽54　☽61　♂39　◐　☽60

03:30　13:04　15:31　17:13　22:35

2023 04/13　8　10　12　14　16　18　20

Friday, April 14
midnight

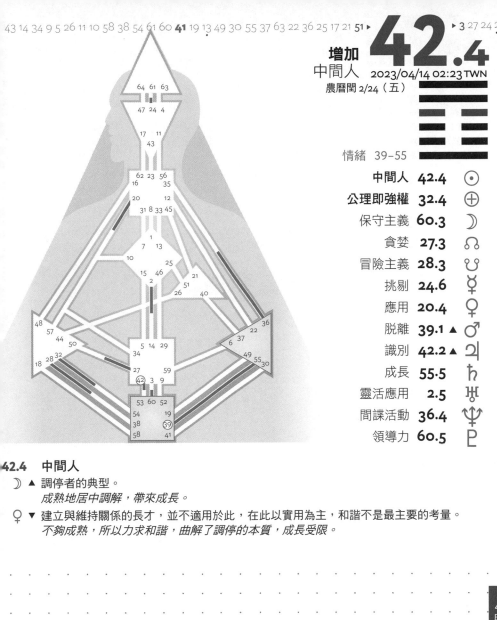

增加 42.4

中間人   2023/04/14 02:23 TWN

農曆閏 2/24（五）

情緒　39–55

中間人	42.4	☉
公理即強權	32.4	⊕
保守主義	60.3	☽
貪婪	27.3	☊
冒險主義	28.3	☋
挑剔	24.6	☿
應用	20.4	♀
脫離	39.1 ▲	♂
識別	42.2 ▲	♃
成長	55.5	♄
靈活應用	2.5	♅
間諜活動	36.4	♆
領導力	60.5	♇

42.4　中間人

☽ ▲ 調停者的典型。
　　成熟地居中調解，帶來成長。

♀ ▼ 建立與維持關係的長才，並不適用於此，在此以實用為主，和諧不是最主要的考量。
　　不夠成熟，所以力求和諧，曲解了調停的本質，成長受限。

☽41 ䷿
08:05

☽19 ䷜　☿2 ䷂
17:32　　21:00
Saturday, April 15
midnight

6　　8　　10　　12　　14　　16　　18　　20

42.5

增加
自我實現

2023/04/15 01:20 TWN

農曆閏 2/25（六）

39–55　情緒

日	▲42.5	自我實現
地	32.5	彈性
月	19.5	犧牲
北交	27.3	貪婪
南交	28.3	冒險主義
水	2.1	直覺
金	20.5	現實主義
火	▲39.1	脫離
木	▲42.2	識別
土	55.5	成長
天	▲ 2.5	靈活應用
海	36.4	間諜活動
冥	60.5	領導力

42.5　自我實現

⊙ ▲ 目標的履行與實現，是一條自然顯現的路徑，所獲得的報酬是，能以健康的方式來覺察自我，而非在過程中所取得的權力與影響力。
自我實現帶來成長，自然而然帶來影響力。

♀ ▼ 自我實現完全是內在的體驗，需要獨自體會。
成長源自於內，賦予力量後，能遺世而獨立。

4月

☽13 ▤
02:58

☽49 ▤
12:23

☽30 ▤
21:46

Sunday, April 16
midnight

2023
04/15

6　　8　　10　　12　　14　　16　　18

增加 **42.6**
培育

2023/04/16 00:18 TWN

農曆閏 2/26（日）

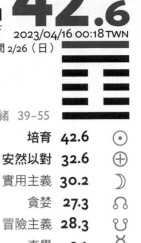

情緒 39-55

培育	**42.6**	☉
安然以對	**32.6**	⊕
實用主義	**30.2**	☽
貪婪	**27.3**	☊
冒險主義	**28.3**	☋
直覺	**2.1**	☿
智慧	**20.6▲**	♀
對抗	**39.2**	♂
嘗試錯誤	**42.3**	♃
成長	**55.5**	♄
靈活應用	**2.5▲**	♅
間諜活動	**36.4**	♆
領導力	**60.5**	♇

42.6 培育

☽ ▲ 是天性也是直覺，培育他人。
　　與他人分享成長過程，從中獲得力量。

♄ ▼ 具限制性，有害的物質主義，自我疏離並引發好戰的行為。
　　拒絕與人分享自己的成長過程。

☽55 ▤ 07:10　　♀16 ▤ 11:35　　☽37 ▤ 16:33

4　　6　　8　　10　　12　　14　　16　　18　　20

2023 **04/16**

4月

3.1

2023/04/16 23:17 TWN
農曆閏 2/26（日）

凡事起頭難
綜合

3-60	突變
27-50	保存
39-55	情緒

日	**3.1**	**綜合**
地	**50.1**	**移民**
月	**37.5**	愛
北交	**27.3**	貪婪
南交	**28.3**	冒險主義
水	**2.2**	天才
金	**16.1**	妄想
火	**39.2**	對抗
木	**42.3**	嘗試錯誤
土	**55.5**	成長
天	▲ **2.5**	靈活應用
海	**36.4**	間諜活動
冥	**60.5**	領導力

3.1 綜合
分析過所有相關因素之後，才能克服困難。

⊕ ▲ 本來就會困惑，獲得清明之前，必然會感到困惑。
天生就知道，混亂之中，新秩序於焉產生。

☿ ▼ 捨棄直覺，轉而依賴聰明才智，導致不必要的挫折。
不知道秩序終將出現，反而在別處尋找覺知。

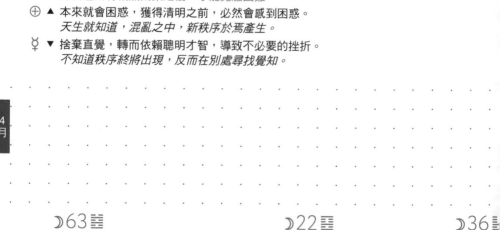

4月

☽63 01:56
☽22 11:20
☽36 20:46

Monday, April 17
midnight 4 6 8 10 12 14 16 18 20

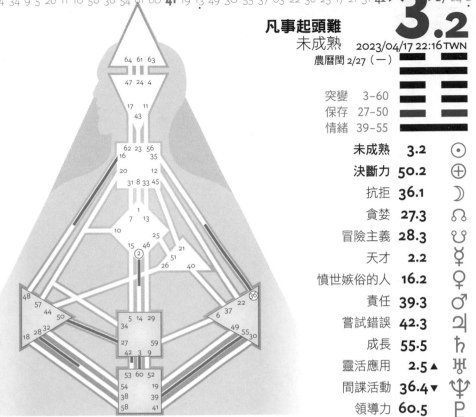

凡事起頭難
未成熟
2023/04/17 22:16 TWN
農曆閏 2/27（一）

突變　　3-60
保存　　27-50
情緒　　39-55

未成熟	**3.2**	☉
決斷力	**50.2**	⊕
抗拒	**36.1**	☽
貪婪	**27.3**	☊
冒險主義	**28.3**	☋
天才	**2.2**	☿
憤世嫉俗的人	**16.2**	♀
責任	**39.3**	♂
嘗試錯誤	**42.3**	♃
成長	**55.5**	♄
靈活應用	**2.5** ▲	♅
間諜活動	**36.4** ▼	♆
領導力	**60.5**	♇

3.2　未成熟
無節制地接受引導。

♂ ▲ 為了成長，不屈不撓，終將勝利。
　　個體迎向突變的能量與潛能。

♅ ▼ 面對權威，想接受又想對抗，內在並不穩定。
　　能量與潛能皆受制於人，導致不穩定。

4
月

）25 ▤
06:13

）17 ▤
15:42

Tuesday, April 18
midnight　　4　　6　　8　　10　　12　　14　　16　　18

2023
04/18

3.3

凡事起頭難
生存

2023/04/18 21:16 TWN

農曆閏 2/28（二）

3–60	突變
27–50	保存
39–55	情緒

日	▼	3.3	生存
地		50.3	適應力
月		17.4	人事經理
北交		27.3	貪婪
南交		28.3	冒險主義
水	▼	2.3	耐性
金		16.3	獨立
火		39.3	責任
木		42.3	嘗試錯誤
土		55.5	成長
天	▲	2.5	靈活應用
海		36.4	間諜活動
冥		60.5	領導力

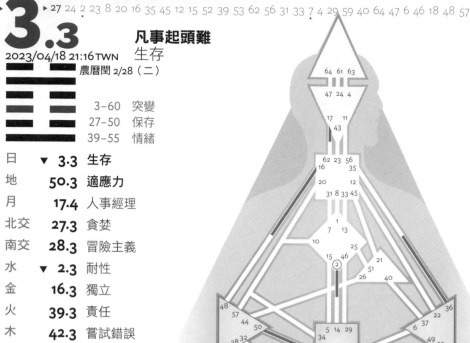

3.3 生存

有能力識別並區分，肥沃與貧瘠所呈現的各種型態。

♀ ▲ 在繁衍的過程中，有能力選擇最好的伴侶。
針對生理層面的突變，取決於與誰合作，天生知道肥沃與貧瘠之別。

♇ ▼ 乖張違背演化的標準。
天生反叛，拒絕突變。

4
月

☽21 ䷖
01:14

☽51 ䷏
10:49

2023
04/19

Wednesday, April 19
midnight   4   6   8   10   12   14   16   18

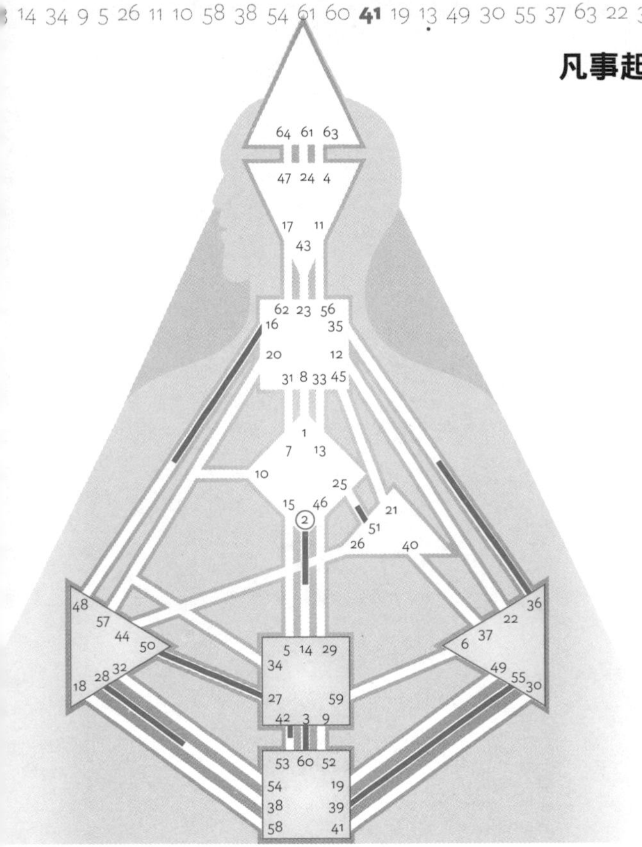

3.4

凡事起頭難

魅力 2023/04/19 20:17 TWN

農曆閏 2/29（三）

突變 3–60
保存 27–50
情緒 39–55

魅力	**3.4**	☉
腐敗	**50.4**	⊕
分割	**51.6**	☽
貪婪	**27.3**	☊
冒險主義	**28.3**	☋
耐性	**2.3** ▼	☿
聖誕怪傑	**16.5**	♀
節制	**39.4**	♂
中間人	**42.4**	♃
成長	**55.5**	♄
靈活應用	**2.5** ▲	♅
間諜活動	**36.4**	♆
領導力	**60.5**	♇

3.4 魅力

與生俱來的特質，吸引重要的指引。

♆ ▲ 在靈性面和諧共振，如磁場般相互引發，獲得滋養。
宛如通靈的能量，取得滋養，確保一切井然有序。

♂ ▼ 火星位於下降相位，來自我執的要求被拒。
困惑的能量，需要滋養卻往往被拒絕。

☽42 ䷩ 20:28 ☽3 ䷂ 06:12 12:16 ☽27 ䷚ 16:00

Thursday, April 20

midnight 4 6 8 10 12 14 16

3.5

凡事起頭難

受害

2023/04/20 19:18 TWN

農曆 3/1（四）穀雨

3-60	突變	
27-50	保存	
39-55	情緒	

日	3.5	受害
地	50.5	一致性
月	27.3	貪婪
北交	27.3	貪婪
南交	28.3	冒險主義
水 ▼	2.3	耐性
金	16.6	輕信
火 ▼	39.5	專心致志
木	42.4	中間人
土	55.5	成長
天 ▲	2.5	靈活應用
海	36.5	祕密的
冥	60.5	領導力

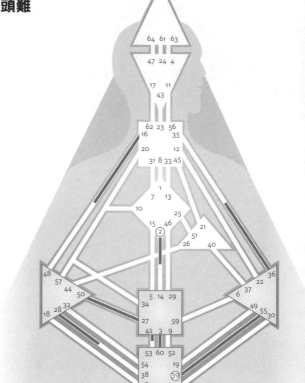

3.5　受害

用來穿越困惑的行動，就是與人疏遠。

♂ ▲ 捍衛個人信念的勇氣。
以個人的獨特能量，來對抗困惑。

⊕ ▼ 地球位於下降相位，受害導致姑息與痛苦。
若被他人認定的秩序所支配，充滿困惑的能量。

Friday, April 21

☽24 01:53　♀35 08:49　☽2 11:52

2023 04/20

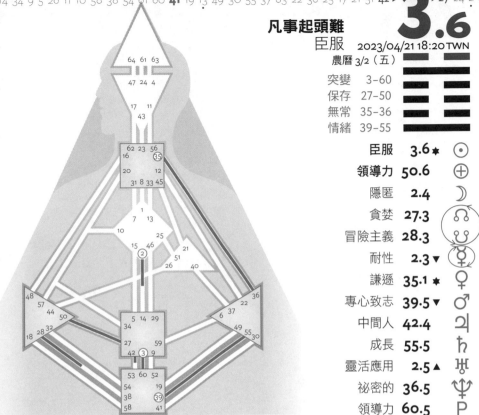

凡事起頭難
臣服

3.6

2023/04/21 18:20 TWN

農曆 3/2（五）

突變	3-60
保存	27-50
無常	35-36
情緒	39-55

臣服	**3.6**★	☉
領導力	**50.6**	⊕
隱匿	**2.4**	☽
貪婪	**27.3**	☊
冒險主義	**28.3**	☋
耐性	**2.3**▼	☿
謙遜	**35.1**★	♀
專心致志	**39.5**▼	♂
中間人	**42.4**	♃
成長	**55.5**	♄
靈活應用	**2.5**▲	♅
祕密的	**36.5**	♆
領導力	**60.5**	♇

3.6 臣服

最終的成熟是分辨出，那些掙扎是徒勞。

☉ ▲ 只要光芒一直閃耀，人生就會繼續。
天生就能接受秩序是過程，而非問題。

♇ ▼ 當黑暗壟罩一切，人生可能看似毫無價值，感受到沮喪和絕望。
困惑是一股壓倒性的能量，導致沮喪。

☽23 ☰
21:56

☽8 ☰
08:07

Saturday, April 22
midnight

22   4   6   8   10   12   14

2023
04/22

27.1

滋養
自私

2023/04/22 17:23 TWN

農曆 3/3（六）

35-36 無常
39-55 情緒

日	▲ **27.1**	**自私**
地	**28.1**	準備
月	**8.6**	交誼
北交	**27.3**	貪婪
南交	**28.3**	冒險主義
水	▼ **2.3**	耐性
金	▲**35.2**	創意空窗期
火	▼**39.6**	解決麻煩者
木	**42.4**	中間人
土	**55.5**	成長
天	▲ **2.5**	靈活應用
海	**36.5**	祕密的
冥	**60.5**	領導力

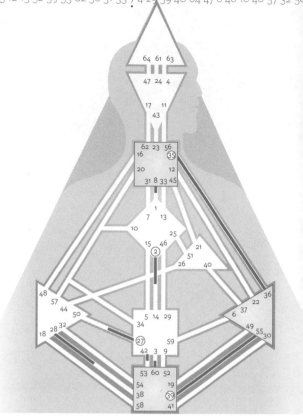

27.1 自私

⊙ ▲ 自我驅動，關懷自己的第一條法則，關懷自己不見得要犧牲他人。
先關懷自己，就會有力量。

⊕ ▼ 忌妒，伴隨而來的不幸。
自私的力量，透過忌妒的方式來展現。

☽20 ☰
18:35

☽16 ☷
04:50

☽35 ☰
15:21

2023
04/22

22

Sunday, April 23
midnight   4   6   8   10   12   14

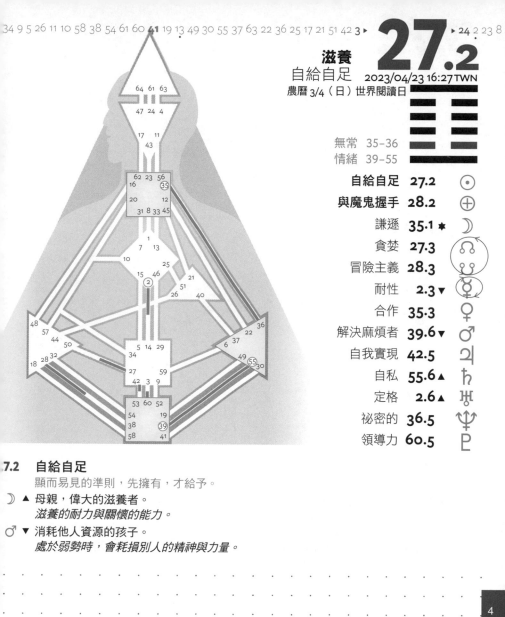

34 9 5 26 11 10 58 38 54 61 60 **41** 19 13 49 30 55 37 63 22 36 25 17 21 51 42 **3** ▸ ▸ **24** 2 23 8 2

滋養
27.2

自給自足

2023/04/23 16:27 TWN

農曆 3/4（日）世界閱讀日

無常　35–36
情緒　39–55

自給自足	**27.2**	☉
與魔鬼握手	**28.2**	⊕
謙遜	**35.1** ★	☽
貪婪	**27.3**	☊
冒險主義	**28.3**	☋
耐性	**2.3** ▾	☿
合作	**35.3**	♀
解決麻煩者	**39.6** ▾	♂
自我實現	**42.5**	♃
自私	**55.6** ▴	♄
定格	**2.6** ▴	♅
祕密的	**36.5**	♆
領導力	**60.5**	♇

7.2　自給自足

顯而易見的準則，先擁有，才給予。

☽ ▴ 母親，偉大的滋養者。
　　滋養的耐力與關懷的能力。

♂ ▾ 消耗他人資源的孩子。
　　處於弱勢時，會耗損別人的精神與力量。

月

☽45☷　　　♂53☶　　　☽12☶
　　01:59　　　05:24　　　12:44

Monday, April 24
midnight

20　　22　　　　　4　　6　　8　　10　　12

2023
04/24

27.3

滋養
貪婪

2023/04/24 15:31 TWN

農曆 3/5（一）

35-36　無常
42-53　成熟

日	**27.3**	**貪婪**
地	**28.3**	**冒險主義**
月	**12.2**	淨化
北交	**27.3**	貪婪
南交	**28.3**	冒險主義
水	▼ **2.3**	耐性
金	**35.4**	渴望
火	**53.1**	累積
木	**42.5**	自我實現
土	▲**55.6**	自私
天	▲ **2.6**	定格
海	**36.5**	祕密的
冥	**60.5**	領導力

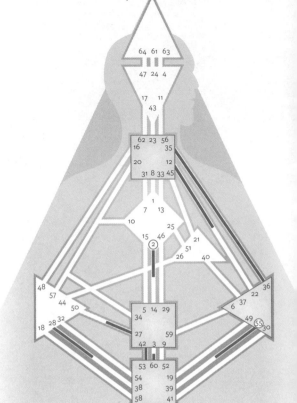

27.3 貪婪

執意要擁有，遠超過自己所需要的。

♇ ▲ 在此指的是心理上的狀態，著迷、依賴、想知道祕密。
祕密警察，不論在性、精神或物質層面，由於渴望擁有，想要的遠比真正需要的多
得多，從中萌生力量。

♂ ▼ 平凡。完全不具救贖的價值。貪婪，欲望不可避免會讓人衰敗，也會成癮。
對權力的欲望，到手的遠多過真正的需求。

4
月

☽15   ☽52

23:35   10:32

Tuesday, April 25

midnight   4   6   8   10   12

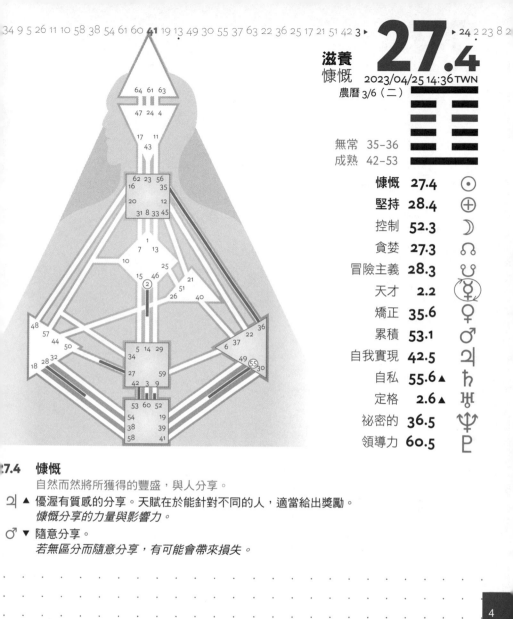

27.4

滋養
慷慨 2023/04/25 14:36 TWN
農曆 3/6（二）

無常	35–36
成熟	42–53

慷慨	**27.4**	☉
堅持	**28.4**	⊕
控制	**52.3**	☽
貪婪	**27.3**	☊
冒險主義	**28.3**	☋
天才	**2.2**	☿
矯正	**35.6**	♀
累積	**53.1**	♂
自我實現	**42.5**	♃
自私	**55.6**▲	♄
定格	**2.6**▲	♅
祕密的	**36.5**	♆
領導力	**60.5**	♇

7.4　慷慨

自然而然將所獲得的豐盛，與人分享。

♃ ▲ 優渥有質感的分享。天賦在於能針對不同的人，適當給出獎勵。
慷慨分享的力量與影響力。

♂ ▼ 隨意分享。
若無區分而隨意分享，有可能會帶來損失。

☽39 ䷜
21:36

♀45 ䷯
07:13

☽53 ䷮
08:44

Wednesday, April 26
midnight

18　　20　　22　　4　　6　　8　　10

2023
04/26

27.5

滋養
執行者

2023/04/26 13:42 TWN

農曆 3/7（三）

42–53　成熟

日	**27.5**	執行者
地	**28.5**	背叛
月	★**53.3**	實際
北交	**27.3**	貪婪
南交	**28.3**	冒險主義
⽔	**2.2**	天才
金	**45.1**	遊說
火	★**53.2**	氣勢
木	**42.5**	自我實現
土	▲**55.6**	自私
天	▲ **2.6**	定格
海	**36.5**	祕密的
冥	**60.5**	領導力

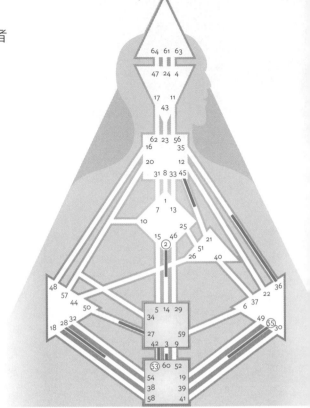

27.5　執行者

能有效分配他人資源。

♃ ▲ 是個有原則，天生就擅長分配資源的人。或者有辦法找到靈活又有能力的人，為己所用
有才能也有力量，可以管理他人的資源。

♄ ▼ 難以跳脫本性的限制，以至於分配的過程出現阻礙，想尋求建議與支持。
弱點，失去力量的風險，關懷受限。

2023
04/26

4
月

☽62 ☷
19:56

Thursday, April 27
midnight

☽56 ☷
07:13

18　　20　　22　　　　　　4　　6　　8　　10

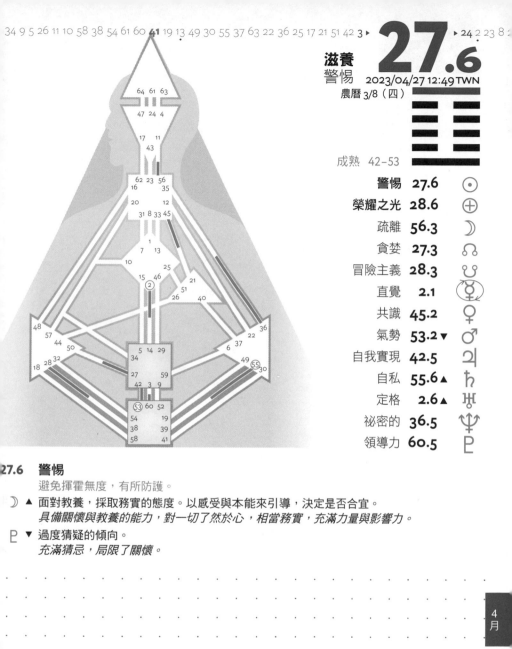

34 9 5 26 11 10 58 38 54 61 60 **41** 19 13 49 30 55 37 63 22 36 25 17 21 51 42 3 ▸ ▸ 24 2 23 8

滋養
警惕

27.6

2023/04/27 12:49 TWN
農曆 3/8（四）

成熟　42-53

警惕	**27.6**	☉
榮耀之光	**28.6**	⊕
疏離	**56.3**	☽
貪婪	**27.3**	☊
冒險主義	**28.3**	☋
直覺	**2.1**	☿
共識	**45.2**	♀
氣勢	**53.2▼**	♂
自我實現	**42.5**	♃
自私	**55.6▲**	♄
定格	**2.6▲**	♅
祕密的	**36.5**	♆
領導力	**60.5**	♇

27.6　警惕
　　避免揮霍無度，有所防護。

☽ ▲ 面對教養，採取務實的態度。以感受與本能來引導，決定是否合宜。
　　具備關懷與教養的能力，對一切了然於心，相當務實，充滿力量與影響力。

♇ ▼ 過度猜疑的傾向。
　　充滿猜忌，局限了關懷。

☽31䷜
18:32

◑
05:21

☽33䷶
05:53

Friday, April 28
midnight

16　　18　　20　　22　　　midnight　4　　　6　　　8

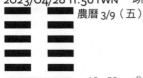

24.1

2023/04/28 11:56 TWN

回歸
疏忽之罪

農曆 3/9（五）

42-53　成熟

日	▲24.1	疏忽之罪
地	44.1	制約
月	33.4	尊嚴
北交	27.3	貪婪
南交	28.3	冒險主義
水	2.1	直覺
金	45.3	排除在外
火	▼53.3	實際
木	42.6	培育
土	▲55.6	自私
天	▲ 2.6	定格
海	36.5	祕密的
冥	60.5	領導力

24.1　疏忽之罪

蛻變須經歷一段退行期，更新才會完整。

⊙ ▲ 求勝的意志，相信為達目的，可以不擇手段。
確立理性概念之前，重新評估過往思維是必要的，可以從中獲得啟發。

♆ ▼ 自我欺騙，刻意曲解，合理化退行的狀態。
為了獲得靈感，聚焦於無謂的過往。

4月

☽7 17:14

☿24 04:28

☽4 04:36

Saturday, April 29
midnight

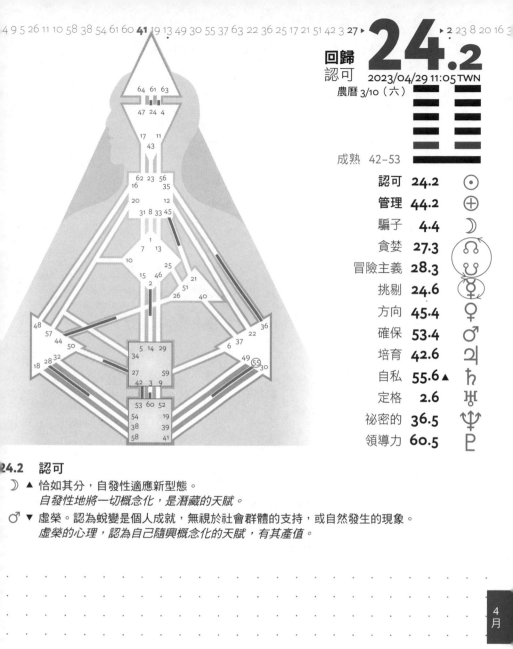

回歸 **24.2**
認可 2023/04/29 11:05 TWN
農曆 3/10（六）

成熟　42-53

認可	**24.2**	☉
管理	**44.2**	⊕
騙子	**4.4**	☽
貪婪	**27.3**	☊
冒險主義	**28.3**	☋
挑剔	**24.6**	☿
方向	**45.4**	♀
確保	**53.4**	♂
培育	**42.6**	♃
自私	**55.6▲**	♄
定格	**2.6**	♅
祕密的	**36.5**	♆
領導力	**60.5**	♇

24.2 認可

☽ ▲ 恰如其分，自發性適應新型態。
　　自發性地將一切概念化，是潛藏的天賦。

♂ ▼ 虛榮。認為蛻變是個人成就，無視於社會群體的支持，或自然發生的現象。
　　虛榮的心理，認為自己隨興概念化的天賦，有其產值。

☽29 ䷜
15:56

☽59 ䷂
03:15
Sunday, April 30
midnight

14　　16　　18　　20　　22　　　　　midnight　4　　6

2023
04/30

24.3

回歸
上癮者

2023/04/30 10:14 TWN

農曆 3/11（日）

42-53　成熟

日	**24.3**	**上癮者**
地	**44.3**	**干預**
月	**59.4**	**手足情誼**
北交	**27.3**	**貪婪**
南交	**28.3**	**冒險主義**
水	**24.6**	**挑剔**
金	**45.5**	**領導力**
火	**53.4**	**確保**
木	**42.6**	**培育**
土	▲**55.6**	**自私**
天	**2.6**	**定格**
海	**36.5**	**祕密的**
冥	**60.5**	**領導力**

24.3　上癮者

各種退行的形式，都具有強大的吸引力。

♀ ▲ 退行過後，雖然困難，還是取得最後的勝利。
不理性是難以克服的任務，但還是達成了。

♒ ▼ 面對上癮及退化，都以成功來合理化。
以成功來合理化一切，非理性得以延續。

4月

☽40 ▤　　　☽64 ▤　　　♀12 ▤
14:30　　　01:41　　　06:57

Monday, May 1
midnight

2023
04/30

14　　16　　18　　20　　22　　　4　　6

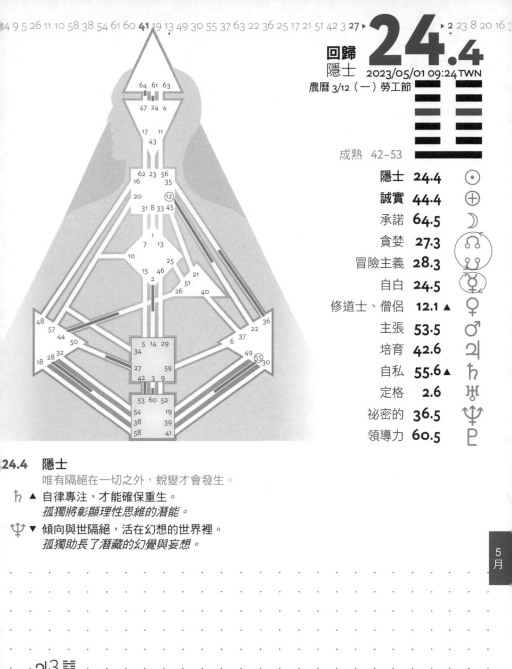

回歸 **24.4**
隱士
2023/05/01 09:24 TWN
農曆 3/12（一）勞工節

成熟 42–53

隱士	**24.4**	☉
誠實	**44.4**	⊕
承諾	**64.5**	☽
貪婪	**27.3**	☊
冒險主義	**28.3**	☋
自白	**24.5**	☿
修道士、僧侶	**12.1** ▲	♀
主張	**53.5**	♂
培育	**42.6**	♃
自私	**55.6** ▲	♄
定格	**2.6**	♅
祕密的	**36.5**	♆
領導力	**60.5**	♇

24.4 隱士

唯有隔絕在一切之外，蛻變才會發生。

♄ ▲ 自律專注，才能確保重生。
　　孤獨將彰顯理性思維的潛能。

♆ ▼ 傾向與世隔絕，活在幻想的世界裡。
　　孤獨助長了潛藏的幻覺與妄想。

5月

23

12:22
47
12:48

6
23:50

Tuesday, May 2
midnight

12　　14　　16　　18　　20　　　　　2　　4

2023
05/02

24.5 回歸
自白

2023/05/02 08:35 TWN

農曆 3/12（二）

3-60 突變

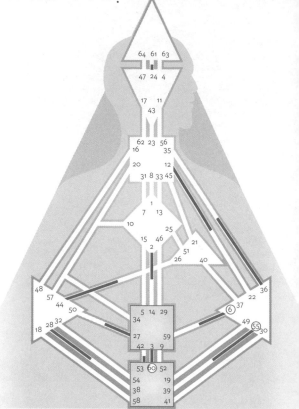

日	**24.5**	**自白**
地	**44.5**	**操作**
月	▼ **6.5**	**仲裁**
北交	**27.3**	貪婪
南交	**28.3**	冒險主義
水	**24.4**	隱士
金	**12.2**	淨化
火	**53.5**	主張
木	**3.1**	綜合
土	▲ **55.6**	自私
天	**2.6**	定格
海	**36.5**	祕密的
冥	▼ **60.5**	領導力

24.5　自白

有勇氣承認過往的錯誤。

☽ ▲ 清空再開始，有實質上的價值。
以新月為象徵，合理的修正能找到出路，通往全新的可能性。

♂ ▼ 刻意以合理化的方式，淡化過往的錯誤。將坦誠以對當成藉口，成為合理化的理由。
缺乏理性，不斷合理化過去的錯誤。

☽46 ䷃

☽18 ䷓

回歸 **24**.**6**

挑剔

2023/05/03 07:46 TWN

農曆 3/14（三）

突變	3-60	▬▬▬▬▬

挑剔	**24.6**	⊙
超然	**44.6▼**	⊕
成佛	**18.6▼**	☽
貪婪	27.3	☊
冒險主義	28.3	☋
隱士	24.4	☿
自白	12.3	♀
逐步進行	53.6	♂
綜合	3.1	♃
自私	55.6▲	♄
定格	2.6	♅
祕密的	36.5	♆
領導力	60.5▼	♇

24.6　挑剔

獲得禮物時，莫挑剔。不然機會敲門時，很容易因為耳聾而錯失良機。

♃ ▲ 有意識地參與整體過程，你才會準備好自己，看見其中的機會。
　　以理性思維為本，認定並聚焦。

♇ ▼ 天生猜忌，以至於錯失良機。
　　無理的猜疑，混淆了焦點，導致機會擦身而過。

☽48 ䷀
08:21

☽57 ䷀
18:58

☽32 ䷀
05:29

Thursday, May 4
midnight

2023
05/04

10　　12　　14　　16　　18　　20　　　2　　4

2.1

接納
直覺

2023/05/04 06:58 TWN

農曆 3/15（四）

3-60　突變

日	**2.1**	直覺
地	**1.1**	創意獨立於意志之外
月	**32.1**	保存
北交	**27.3**	貪婪
南交	**28.3**	冒險主義
水	**24.3**	上癮者
金	**12.4**	先知
火	**53.6**	逐步進行
木	**3.1**	綜合
土	▲**55.6**	自私
天	**2.6**	定格
海	**36.5**	祕密的
冥	▼**60.5**	領導力

2.1 　**直覺**

敏銳察覺不和諧與萎縮。

♀ ▲ 不論是先天或後天，美學有其重要性。
　　透過美，獲得更高層次的覺知。

♂ ▼ 罔顧智慧的判斷，堅持我執的主張。
　　衝動採取行動，忽略高我的智慧。

5
月

♂62▦
12:20

☽50▦
15:54

Friday, May 5
midnight

☽28▦
02:12

12　　14　　16　　18　　20　　　　　2　　4

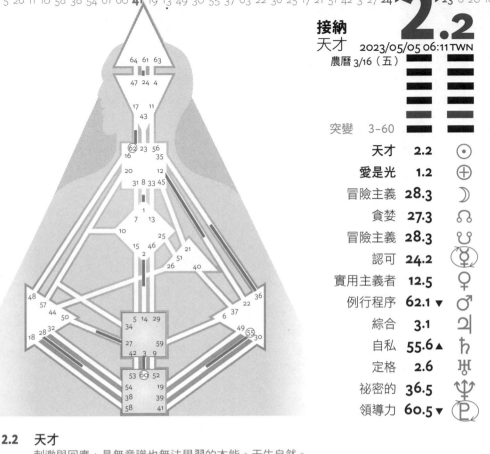

接納
天才
2.2
2023/05/05 06:11 TWN
農曆 3/16（五）

突變	3-60	
天才	2.2	⊙
愛是光	1.2	⊕
冒險主義	28.3	☽
貪婪	27.3	☊
冒險主義	28.3	☋
認可	24.2	☿
實用主義者	12.5	♀
例行程序	62.1 ▼	♂
綜合	3.1	♃
自私	55.6 ▲	♄
定格	2.6	♅
祕密的	36.5	♆
領導力	60.5 ▼	♇

2.2 天才

刺激與回應，是無意識也無法學習的本能。天生自然。

♄ ▲ 內在的力量，聚焦與實踐。
　　覺知就是覺知，無法學，是與生俱來的天賦。

♂ ▼ 天才本瘋狂。將知識當成力量，拿來誇耀自我。
　　妄想知識就是力量。

☽44≡
12:24

☽1≡
22:30

01:37

Saturday, May 6
midnight

10　　12　　14　　16　　18　　20　　　　　2

2023
05/06

2.3

2023/05/06 05:25 TWN

接納
耐性

農曆 3/17（六）立夏

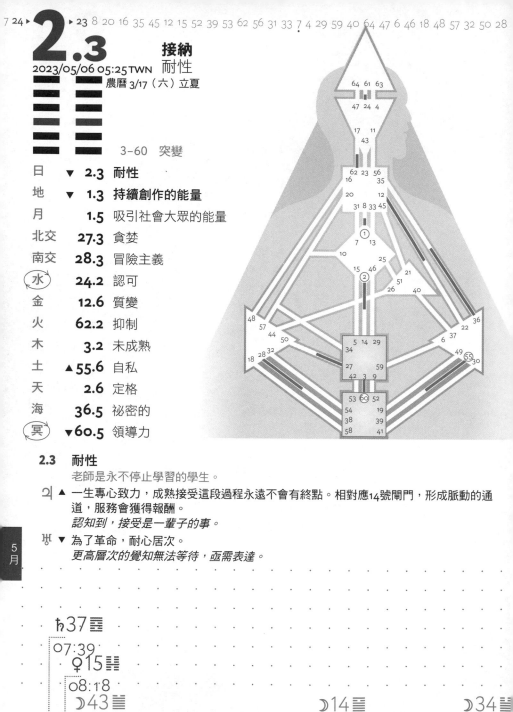

3-60　突變

日	▼	**2.3**	**耐性**
地	▼	**1.3**	**持續創作的能量**
月		**1.5**	吸引社會大眾的能量
北交		**27.3**	貪婪
南交		**28.3**	冒險主義
水		**24.2**	認可
金		**12.6**	質變
火		**62.2**	抑制
木		**3.2**	未成熟
土	▲	**55.6**	自私
天		**2.6**	定格
海		**36.5**	祕密的
冥	▼	**60.5**	領導力

2.3　耐性

老師是永不停止學習的學生。

♃ ▲ 一生專心致力，成熟接受這段過程永遠不會有終點。相對應14號閘門，形成脈動的通道，服務會獲得報酬。
認知到，接受是一輩子的事。

♅ ▼ 為了革命，耐心居次。
更高層次的覺知無法等待，亟需表達。

5月

ħ37 ☰
○7:39
♀15 ☰
○8:18
☽43 ☰
○8:31

☽14 ☰
18:27

☽34 ☰
04:17

Sunday, May 7
midnight

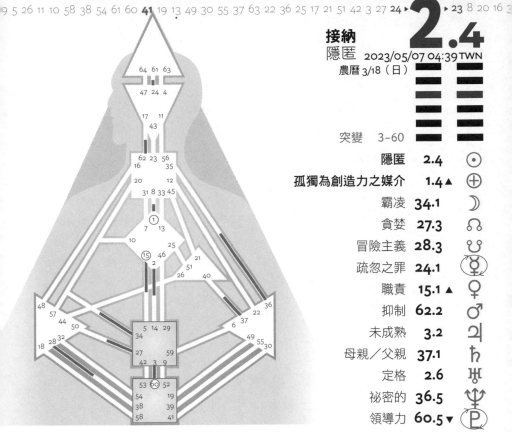

接納 **2.4**
隱匿 2023/05/07 04:39 TWN
農曆 3/18（日）

突變 3-60

隱匿	**2.4**	☉
孤獨為創造力之媒介	**1.4▲**	⊕
霸凌	**34.1**	☽
貪婪	**27.3**	☊
冒險主義	**28.3**	☋
疏忽之罪	**24.1**	☿
職責	**15.1 ▲**	♀
抑制	**62.2**	♂
未成熟	**3.2**	♃
母親／父親	**37.1**	♄
定格	**2.6**	♅
祕密的	**36.5**	♆
領導力	**60.5▼**	♇

2.4 隱匿

除了謙遜，還加上謹慎、細心、維護和諧的能力。

♀ ▲ 有更高的目標，凌駕於個人讚譽之上。團隊合作，被視為領袖，卻從來不會當隊長。
表達更高層次的覺知，並非為了取得認可。

♂ ▼ 禍從口出。難以抑制的烈火，源自我執，滋生怨恨。
一有機會就無法保持沉默。

5
月

☽9 14:04

☽5

23:46

Monday, May 8
midnight

2023
05/08

8 10 12 14 16 18 20

2.5

接納
靈活應用

2023/05/08 03:54 TWN

農曆 3/19（一）

3-60　突變
5-15　韻律

日	**2.5**	靈活應用
地	**1.5**	吸引社會大眾的能量
月	▼ **5.3**	強迫症
北交	**27.3**	貪婪
南交	**28.3**	冒險主義
水	**24.1**	疏忽之罪
金	**15.3**	自我膨脹
火	**62.3**	探索
木	**3.2**	未成熟
土	**37.1**	母親／父親
天	**2.6**	定格
海	**36.5**	祕密的
冥	▼**60.5**	領導力

2.5　靈活應用

☿ ▲ 水星上升，策略家。合理管理資源。
　　更高層次的覺知是天賦，得以運籌帷幄。

⊕ ▼ 無法與人一起承擔責任，無法辨識他人能力。
　　更高層次的覺知，僅限於個人自私的過程。

5
月

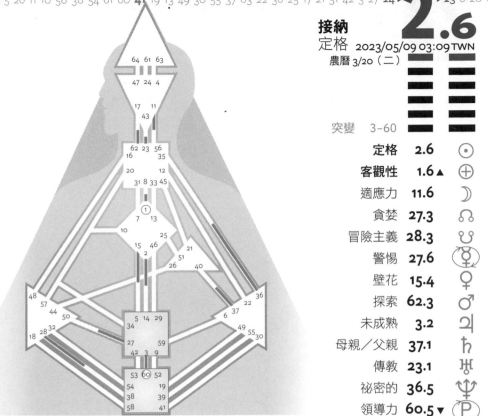

接納
定格

2.6

2023/05/09 03:09 TWN
農曆 3/20（二）

突變　3-60

定格	**2.6**	☉
客觀性	**1.6**▲	⊕
適應力	**11.6**	☽
貪婪	**27.3**	☋
冒險主義	**28.3**	☊
警惕	**27.6**	☿
壁花	**15.4**	♀
探索	**62.3**	♂
未成熟	**3.2**	♃
母親／父親	**37.1**	♄
傳教	**23.1**	♅
祕密的	**36.5**	♆
領導力	**60.5**▼	♇

2.6　定格

不能或不願看到全貌。

☿ ▲ 水星位於上升相位，並不負面，自溺於其聰明才智，不斷合理化。
　　接收更高覺知，途徑極狹窄。

♄ ▼ 安全感的需求，可能在意識面扭曲，最終轉為變態。
　　破壞性，高我沉溺於世俗與安全感的需求。

☽10 ☰
04:35

☽58 ☳
14:07

☽38 ☳
23:37

Wednesday, May 10
midnight

6　　　8　　　10　　　12　　　14　　　16　　　18　　　20

23.1

裂開
傳教

2023/05/10 02:25TWN

農曆 3/21（三）

3-60	突變
23-43	架構
28-38	困頓掙扎

日	**23.1**	傳教
地	**43.1**	耐性
月	▼**38.2**	彬彬有禮
北交	**27.3**	貪婪
南交	**28.3**	冒險主義
水	**27.6**	警惕
金	**15.5**	敏感性
火	**62.4**	苦行主義
木	▼ **3.3**	生存
土	**37.1**	母親／父親
天	**23.1**	傳教
海	**36.5**	祕密的
冥	▼**60.5**	領導力

23.1　傳教

企圖以另一套價值觀，替換既定的體系。

♃ ▲ 聖哲，走至極端，能為邪惡辯護，就算是邪惡，也歸屬於更偉大的良善。
以強而有力的方式，來表達洞見，足以摧毀原有的價值觀。

♂ ▼ 傳教士所傳遞的光明，也同時帶來黑暗。
表達洞見，強而有力，同時也引發了負面效應。

5
月

☽54☷
09:05

☽61☷
18:33

Thursday, May 11
midnight

2023
05/10

6　　8　　10　　12　　14　　16　　18　　20

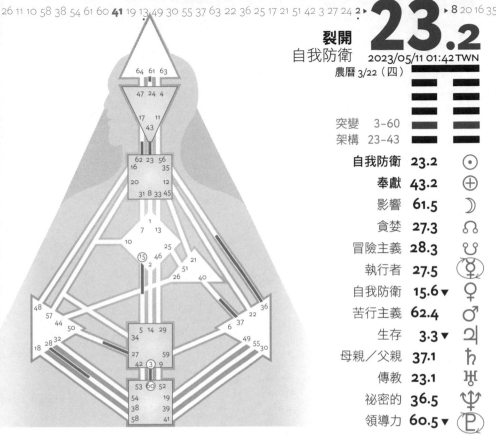

裂開 **23.2**
自我防衛
2023/05/11 01:42 TWN
農曆 3/22（四）

突變　　3-60
架構　　23-43

自我防衛	**23.2**	☉
奉獻	**43.2**	⊕
影響	**61.5**	☽
貪婪	**27.3**	☊
冒險主義	**28.3**	☋
執行者	**27.5**	☿
自我防衛	**15.6**▾	♀
苦行主義	**62.4**	♂
生存	**3.3**▾	♃
母親／父親	**37.1**	♄
傳教	**23.1**	♅
祕密的	**36.5**	♆
領導力	**60.5**▾	♇

23.2　自我防衛

當生存受到威脅，無須再忍耐。

♃ ▲ 面對緊要關頭，首要保護原則。
當個體人的表達被脅迫，孰不可忍。

☽ ▾ 木星要忠於本性，所以防衛的最佳方式是攻擊。而月亮則是排除敵意，保護自己就好。
面對敵意，戒慎防衛，表達中有所保留。

5月

☽60 ䷀
04:00

♀52 ䷀
11:30

☽41 ䷀
13:27

☽19 ䷀
22:55

Friday, May 12
midnight

23.3

裂開
個體性

2023/05/12 00:59 TWN
農曆 3/23（五）

3-60　突變
23-43　架構

日	▲ **23.3**	個體性
地	**43.3**	權宜
月	**19.2**	服務
北交	**27.3**	貪婪
南交	**28.3**	冒險主義
水	**27.5**	執行者
金	**52.1**	先思而後言
火	**62.5**	質變
木	▼ **3.3**	生存
土	**37.1**	母親／父親
天	**23.1**	傳教
海	**36.5**	祕密的
冥	▼**60.5**	領導力

23.3　個體性

個體的表達，本質上對他人無害。

⊙ ▲ 個人的活力與力量，容易招來妒忌，還不至於構成威脅。
充滿個性的表達，引來注意力，而非威脅。

P ▼ 個體的神祕性，招來猜疑與威脅。
怪胎。充滿個人色彩的表達方式，引發猜忌與威脅。

5月

☽13
08:23

☽49
17:51　22:29

Saturday, May 13
midnight

2023
05/12

6　8　10　12　14　16　18　20

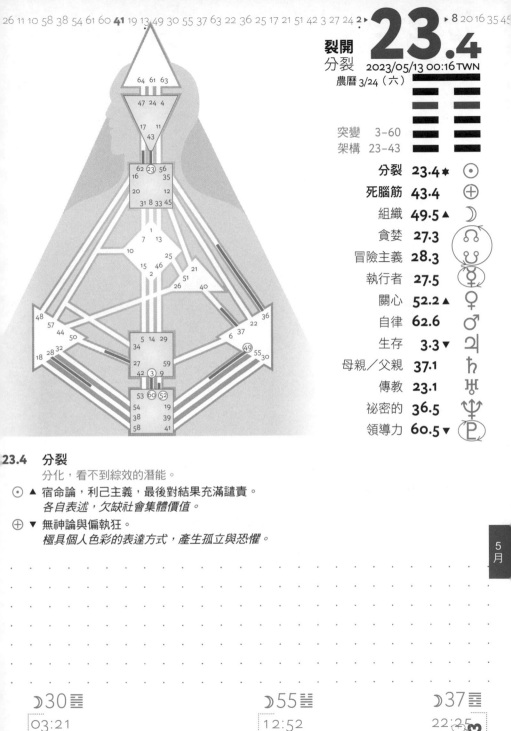

裂開 **23.4**
分裂 2023/05/13 00:16 TWN
農曆 3/24（六）

突變　3-60
架構　23-43

分裂	**23.4**✱	⊙
死腦筋	**43.4**	⊕
組織	**49.5**▲	☽
貪婪	**27.3**	☊
冒險主義	**28.3**	☋
執行者	**27.5**	☿
關心	**52.2**▲	♀ ♂
自律	**62.6**	♃
生存	**3.3**▼	♄
母親／父親	**37.1**	♅
傳教	**23.1**	♆
祕密的	**36.5**	
領導力	**60.5**▼	♇

23.4　分裂
　　分化，看不到綜效的潛能。

⊙ ▲ 宿命論，利己主義，最後對結果充滿譴責。
　　各自表述，欠缺社會集體價值。

⊕ ▼ 無神論與偏執狂。
　　極具個人色彩的表達方式，產生孤立與恐懼。

5
月

☽30 ☰
03:21

☽55 ☰
12:52

☽37 ☰
22:25

2023
05/13

4　　6　　8　　10　　12　　14　　16　　18　　20

23.5

裂開
同化

2023/05/13 23:34 TWN

農曆 3/24（六）

3-60	突變
23-43	架構

日	**23.5**	同化
地	**43.5**	進展
月	**37.1**	母親／父親
北交	**27.3**	貪婪
南交	**28.3**	冒險主義
水	**27.5**	執行者
金	▼**52.3**	控制
火	**62.6**	自律
木	**3.4**	魅力
土	**37.1**	母親／父親
天	**23.1**	傳教
海	**36.5**	祕密的
冥	▼**60.5**	領導力

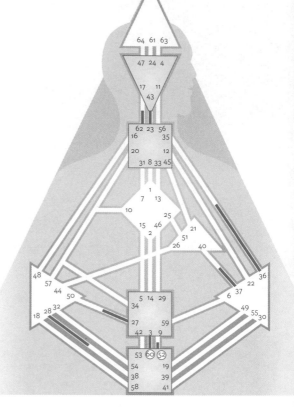

23.5 同化

很實際，接受別條路也有其價值。

♃ ▲ 透過同化，擴展與貢獻。
天賦是與群體溝通，傳遞個人洞見。

☽ ▼ 位居弱勢，更加渴望同化，以滿足保護或滋養的需求。
為了能被群體接納，才能被保護，讓同化的動機更強烈。

5月

☽63 07:59   ♂56 14:06   ☽22 17:35

Sunday, May 14

midnight 4   6   8   10   12   14   16   18   20

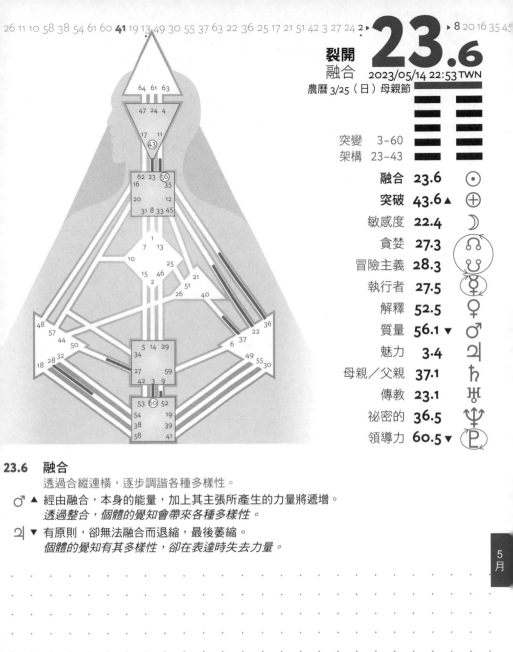

裂開 **23.6**
融合　2023/05/14 22:53 TWN
農曆 3/25（日）母親節

突變　3-60
架構　23-43

融合	**23.6**	⊙
突破	**43.6▲**	⊕
敏感度	**22.4**	☽
貪婪	**27.3**	☊
冒險主義	**28.3**	☋
執行者	**27.5**	☿
解釋	**52.5**	♀
質量	**56.1▼**	♂
魅力	**3.4**	♃
母親／父親	**37.1**	♄
傳教	**23.1**	♅
祕密的	**36.5**	♆
領導力	**60.5▼**	♇

23.6　融合
　　透過合縱連橫，逐步調諧各種多樣性。

♂ ▲ 經由融合，本身的能量，加上其主張所產生的力量將遞增。
　　透過整合，個體的覺知會帶來各種多樣性。

♃ ▼ 有原則，卻無法融合而退縮，最後萎縮。
　　個體的覺知有其多樣性，卻在表達時失去力量。

5
月

☽36▤
03:14

☽25▤
12:55

Monday, May 15
midnight　4　　　6　　　8　　　10　　　12　　　14　　　16　　　18

2023
05/15

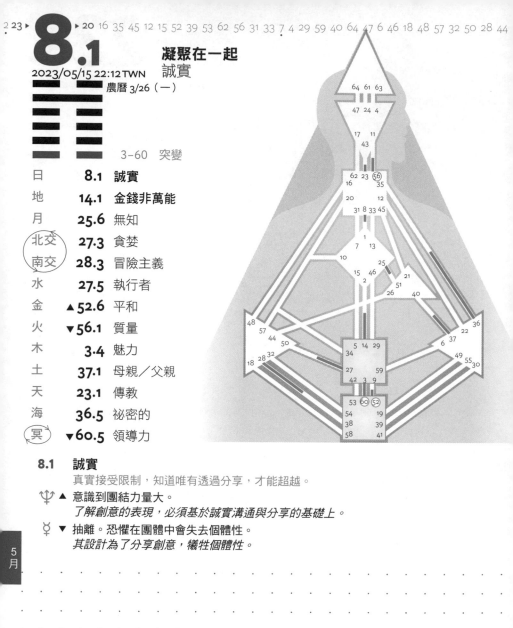

8.1

2023/05/15 22:12 TWN

農曆 3/26（一）

凝聚在一起
誠實

3–60　突變

日	8.1	誠實
地	14.1	金錢非萬能
月	25.6	無知
北交	27.3	貪婪
南交	28.3	冒險主義
水	27.5	執行者
金	▲52.6	平和
火	▼56.1	質量
木	3.4	魅力
土	37.1	母親／父親
天	23.1	傳教
海	36.5	祕密的
冥	▼60.5	領導力

8.1　誠實

真實接受限制，知道唯有透過分享，才能超越。

♆ ▲ 意識到團結力量大。
　　了解創意的表現，必須基於誠實溝通與分享的基礎上。

☿ ▼ 抽離。恐懼在團體中會失去個體性。
　　其設計為了分享創意，犧牲個體性。

5
月

☽51☷
18:14

☽17☷
22:38

☽21☷
08:25

♀39☷
16:53

Tuesday, May 16
midnight　　4　　6　　8　　10　　12　　14　　16　　18

凝聚在一起
服務

8.2

2023/05/16 21:31 TWN
農曆 3/27（二）

突變　3-60

服務	8.2▲	☉
管理	14.2	⊕
適應	51.3	☽
貪婪	27.3	☊
冒險主義	28.3	☋
執行者	27.5	☿
脫離	39.1	♀
連結	56.2	♂
魅力	3.4	♃
母親／父親	37.1	♄
傳教	23.1	♅
祕密的	36.5	♆
領導力	60.5▼	♇

8.2　服務

☉ ▲ 最高的善行，無私的服務。
　　展現無私，成為典範的潛能。

⊕ ▼ 地球位於下降相位，報酬是服務的先決條件。
　　願意付出代價，成為典範。

5月

☽42䷜
04:06

☽3䷜
14:02

Wednesday, May 17

midnight　4　6　8　10　12　14　16　18

2023
05/17

8.3

凝聚在一起
虛假

2023/05/17 20:51 TWN

農曆 3/28（三）

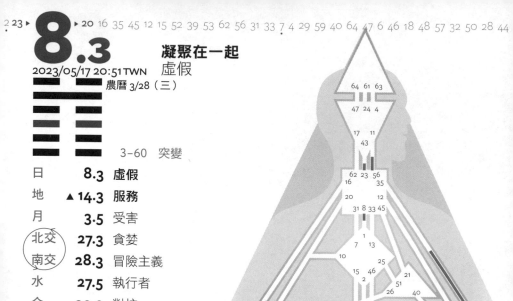

3-60　突變

日	**8.3**	**虛假**
地	▲ **14.3**	**服務**
月	**3.5**	受害
北交	**27.3**	貪婪
南交	**28.3**	冒險主義
水	**27.5**	執行者
金	**39.2**	對抗
火	**56.2**	連結
木	**3.5**	受害
土	**37.1**	母親／父親
天	**23.1**	傳教
海	**36.5**	祕密的
冥	▼**60.5**	領導力

8.3　虛假

可以接受集體行動的風格，而非內容與本質。

☽ ▲ 看似完美，難以被察覺是表面上親密。
空有形式，無實質內容的真實範例。

♄ ▼ 淺薄。低估別人，同時也高估自己的能力。不斷自欺，無察覺能力。
極度重視外在，對自己的風格無來由充滿自信。

5
月

☽27▤ 00:02 ☽24▤ 10:05 ☽2▤ 20:12

2023
05/17 **Thursday, May 18**
midnight　　4　　6　　8　　10　　12　　14　　16　　18

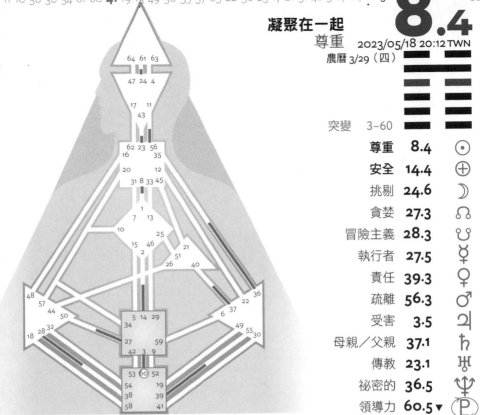

凝聚在一起
尊重

8.4

2023/05/18 20:12 TWN
農曆 3/29（四）

突變　3-60

尊重	**8.4**	☉
安全	**14.4**	⊕
挑剔	**24.6**	☽
貪婪	**27.3**	☊
冒險主義	**28.3**	☋
執行者	**27.5**	☿
責任	**39.3**	♀
疏離	**56.3**	♂
受害	**3.5**	♃
母親／父親	**37.1**	♄
傳教	**23.1**	♅
祕密的	**36.5**	♆
領導力	**60.5** ▼	♇

8.4　尊重

一眼就能看出別人的貢獻，這是天賦，對於能以身作則的人，讚賞有加。

♃ ▲ 面對同質化，拒絕妥協的衝動。
　　貢獻的動力，以身作則，成為眾人的典範。

☿ ▼ 在不斷超越限制的團隊之中，個人價值無法合理地被衡量。例如：田徑隊裡公認的隊長，不一定是最有才華的球員。
　　貢獻天賦，不被限制所制約。

5月

☽23☲
06:24

☽8☲
16:41

Friday, May 19
midnight　　4　　6　　8　　10　　12　　14　　16

2023
05/19

8.5

2023/05/19 19:33 TWN

農曆 4/1（五）

凝聚在一起
達摩

3-60　突變

日	▼	**8.5**	**達摩**
地		**14.5**	**傲慢**
月	▲	**8.2**	服務
北交		**27.3**	貪婪
南交		**28.3**	冒險主義
水		**27.5**	執行者
金		**39.4**	節制
火		**56.4**	權宜
木		**3.5**	受害
土		**37.1**	母親／父親
天		**23.1**	傳教
海		**36.5**	祕密的
冥	▼	**60.5**	領導力

8.5　達摩

聚在一起到最後，終將分離。成功的結合，意謂著聚散終有時，幼鳥長成之後會離巢，這是正確的，無損於結合的本質。

♃ ▲ 老師。

接受也了解限制所在，在教學中驗證，並分享這過程，貢獻就是其中的一部分。

☉ ▼ 對小孩無法放手的父母，覺得自身權威被挑戰。

貢獻本身就是目的，並非接受或預見限制，例如：對孩子無法放手的父母。

5 月

2023
05/19

Saturday, May 20

● 🌓20 23:56 03:02 midnight

🌓16 13:28

4　　6　　8　　10　　12　　14　　16

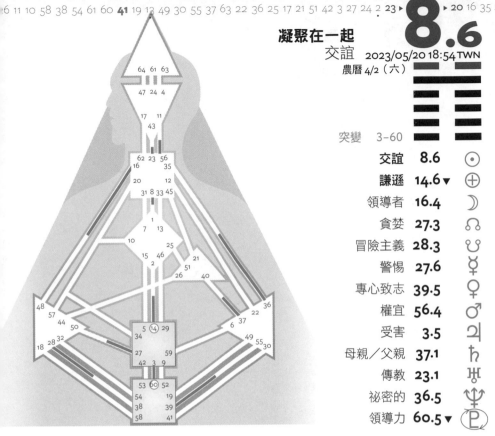

凝聚在一起
交誼 2023/05/20 18:54 TWN
農曆 4/2（六）

8.6

突變 3-60

交誼	**8.6**	☉
謙遜	**14.6▼**	⊕
領導者	**16.4**	☽
貪婪	**27.3**	☊
冒險主義	**28.3**	☋
警惕	**27.6**	☿
專心致志	**39.5**	♀
權宜	**56.4**	♂
受害	**3.5**	♃
母親／父親	**37.1**	♄
傳教	**23.1**	♅
祕密的	**36.5**	♆
領導力	**60.5▼**	♇

8.6 交誼

源於和諧的確定性。

♀ ▲ 明辨模式如何進行，就能把握正確時機。
　　與生俱來的天賦，知道何時該貢獻創意。

♇ ▼ 懷疑，就算在最理想的狀態下，也會產生遺憾。
　　不論在任何情況下，因為不確定時機點，而感到後悔。

5
月

☽35 ䷎　　　　☽45 ䷁
00:00　　　　　10:37
Sunday, May 21
midnight

20.1

2023/05/21 18:17 TWN

注視
表面化

農曆 4/3（日）小滿

3-60　突變
20-34　魅力

日	**20.1**	表面化
地	**34.1**	霸凌
月	**45.5**	領導力
北交	**27.2**	自給自足
南交	**28.2**	與魔鬼握手
水	**27.6**	警惕
金	**39.6**	解決麻煩者
火	▼**56.5**	吸引注意力
木	▼ **3.6**	臣服
土	**37.1**	母親／父親
天	**23.1**	傳教
海	**36.5**	祕密的
冥	▼**60.5**	領導力

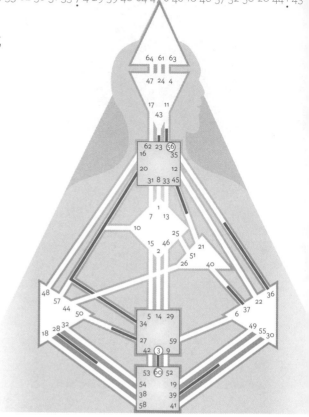

20.1　表面化

依附於淺薄。

♀ ▲ 將膚淺提升為藝術形式。創作標語及口號的人。
表達僅止於表面，以此作為藝術的形式。

☽ ▼ 僅表現出表面的個性。
膚淺人格的表現。

5月

☽12 ䷜　　♀53 ䷿　　☿24 ䷝　　☽15 ䷼
21:19　　00:51　　07:55　　08:06

2023
05/21
22

Monday, May 22
midnight　　4　　6　　8　　10　　12　　14

注視 **20.2**
獨斷者 2023/05/22 17:39 TWN
農曆 4/4（一）

突變　3-60
魅力　20-34

獨斷者	**20.2**	☉
氣勢	**34.2**	⊕
自我防衛	**15.6**	☽
自給自足	**27.2**	☊
與魔鬼握手	**28.2**	☋
疏忽之罪	**24.1**	☿
累積	**53.1** ▼	♀
吸引注意力	**56.5** ▼	♂
臣服	**3.6** ▼	♃
母親／父親	**37.1**	♄
傳教	**23.1**	♅
祕密的	**36.5**	♆
領導力	**60.5** ▼	♇

20.2　獨斷者

限制，特意局限認知。

♀ ▲ 限制，個人化並具排他性，透過苦行抽離，能降低負面。
　　當下的限制性覺知。

☽ ▼ 引導他人走向狹窄路徑的力量。
　　天賦是透過表達，領導他人走向狹窄的路徑。

☽52 18:59

☽39 05:57

☽53 17:00

Tuesday, May 23
midnight

20　　22　　　4　　6　　8　　10　　12　　14

2023 **05/23**

20.3 注視

2023/05/23 17:02 TWN

自我覺知

農曆 4/5（二）

3-60　突變
20-34　魅力

日	★20.3	自我覺知
地	34.3	男子氣概
月	▼53.1	累積
北交	27.2	自給自足
南交	28.2	與魔鬼握手
水	24.1	疏忽之罪
金	▲53.2	氣勢
火	56.6	謹慎
木	▼ 3.6	臣服
土	37.1	母親／父親
天	23.1	傳教
海	36.5	祕密的
冥	▼60.5	領導力

20.3　自我覺知

分析個人的行動與成效，得以理解。

⊙ ▲ 透過個人意識，適當地調整並發展個性。
表達當下的自我意識。

⊕ ▼ 以極端的方式，表達自我，阻礙發展。
以極端的方式展現自我意識。

5月

☽62 ䷷
04:08

♂31 ䷖
11:28

☽56 ䷠
15:20

2023
05/23

Wednesday, May 24

midnight

22　　　4　　6　　8　　10　　12　　14

注視 **20.4**
應用
2023/05/24 16:26 TWN
農曆 4/6（三）

突變 3-60
魅力 20-34

應用	**20.4**	☉
勝利	**34.4**	⊕
質量	**56.1 ▲**	☽
自給自足	**27.2**	☊
與魔鬼握手	**28.2**	☋
認可	**24.2**	☿
實際	**53.3**	♀
顯化	**31.1**	♂
臣服	**3.6 ▼**	♃
責任	**37.2**	♄
傳教	**23.1**	♅
祕密的	**36.5**	♆
領導力	**60.5 ▼**	♇

20.4 應用

與知行合一的人一起合作，才能將認知與覺察轉化為行動。

♃ ▲ 被學生超越的老師。
唯有透過他人，才能將覺知轉化為行動。老師。

☿ ▼ 傾向喜好理論，甚於應用。
以理論的方式表達覺知，對如何運用缺乏興趣。

5月

☽31 ☰
02:36

☽33 ☰
13:54

Thursday, May 25
midnight

20　　22　　midnight　　4　　6　　8　　10　　12

2023
05/25

20.5

2023/05/25 15:51 TWN

注視
現實主義

農曆 4/7（四）

3-60	突變
20-34	魅力

日	**20.5**	現實主義
地	**34.5**	殲滅
月	**33.2**	臣服
北交	**27.2**	自給自足
南交	**28.2**	與魔鬼握手
水	**24.3**	上癮者
金	▼**53.4**	確保
火	**31.1**	顯化
木	▼ **3.6**	臣服
土	**37.2**	責任
天	**23.2**	自我防衛
海	**36.6**	正義
冥	▼**60.5**	領導力

20.5 現實主義

沈思，無法保證成功。

♄ ▲ 專注於細節，才能完美呈現。
透過細節，成功傳遞覺知。

♅ ▼ 現實充滿不滿，增添不確定性。
看見現實中令人不滿的地方，傳遞當下的覺知。

5月

2♈27 ☽7 ☽4

22:32 01:15 12:37

2023
05/25

20 22 midnight 4 6 8 10 12

Friday, May 26

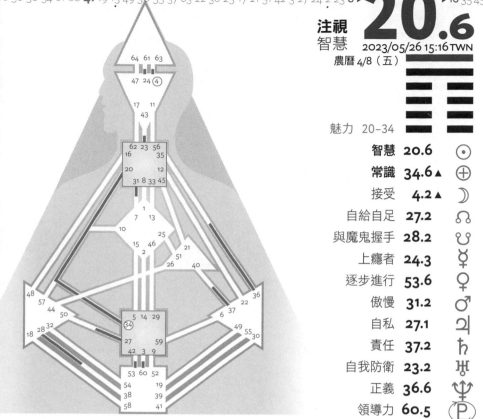

注視　**20.6**
智慧　2023/05/26 15:16 TWN

農曆 4/8（五）

魅力　20-34

智慧	**20.6**	☉
常識	**34.6 ▲**	⊕
接受	**4.2 ▲**	☽
自給自足	**27.2**	☊
與魔鬼握手	**28.2**	☋
上癮者	**24.3**	☿
逐步進行	**53.6**	♀
傲慢	**31.2**	♂
自私	**27.1**	♃
責任	**37.2**	♄
自我防衛	**23.2**	♅
正義	**36.6**	♆
領導力	**60.5**	♇

0.6　智慧

沉思，帶來運用理解的能力。

♀ ▲ 基於社會福祉、價值、理想與大眾的既定模式，創立體制，以大眾能理解運用的方式來溝通。
　　有能力能轉化個人覺知，將之普及、運用，讓大眾能理解。

♀ ▼ 與上述相同，只是出發點是為了挑戰心智，從中獲得滿足，而非利他。
　　智識層面的挑戰，轉化個人覺知，為大眾所用。

5月

♀62

12:05

☽59

11:21

☽29

23:59

Saturday, May 27
midnight

18　　20　　22　　　4　　6　　8　　10　　12

2023
05/27

16.1

熱忱
妄想

2023/05/27 14:41 TWN

農曆 4/9（六）

日	**16.1**	妄想
地	**9.1**	威性
月	**59.2**	害羞
北交	**27.2**	自給自足
南交	**28.2**	與魔鬼握手
水	**24.4**	隱士
金	**62.1**	例行程序
火	**31.2**	傲慢
木	**27.1**	自私
土	**37.2**	責任
天	**23.2**	自我防衛
海	**36.6**	正義
冥	**60.5**	領導力

16.1 妄想

虛假的熱情。

⊕ ▲ 做白日夢的人。
透過做白日夢來展現才華。

☿ ▼ 向大眾傳播未能實現的主張。
將幻想說成事實的傾向。

☽40 22:41

23:24
midnight

☽64 09:58

2023
05/27
18   20   22   **Sunday, May 28**   4   6   8   10

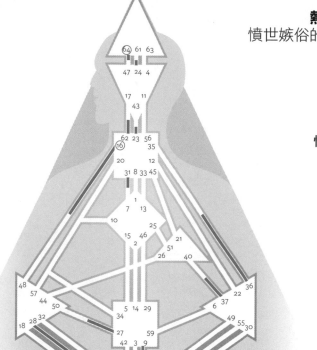

熱忱
憤世嫉俗的人

16.2

2023/05/28 14:08 TWN
農曆 4/10（日）

憤世嫉俗的人	**16.2** ▲	☉
同病相憐	**9.2**	⊕
過度膨脹	**64.3** ▼	☽
自給自足	**27.2**	☊
與魔鬼握手	**28.2**	☋
自白	**24.5**	☿
抑制	**62.2**	♀
選擇性	**31.3**	♂
自私	**27.1**	♃
責任	**37.2**	♄
自我防衛	**23.2**	♅
正義	**36.6**	♆
領導力	**60.5**	♇

16.2　憤世嫉俗的人
　　尖銳戳破別人的誇大其辭。

☉ ▲ 無視花言巧語，憑一己之力，能客觀評論一切。
　　表達客觀評論的技巧。

☿ ▼ 強迫症的憤世者，憤世嫉俗的評論，是熱情的來源。
　　以嘲諷來表達客觀。

5
月

☽47
21:12

Monday, May 29
midnight

☽6
08:22

2023
05/29

18　　20　　22　　　　　　4　　6　　8　　10

16.3

熱忱
獨立

2023/05/29 13:34 TWN
農曆 4/11（一）

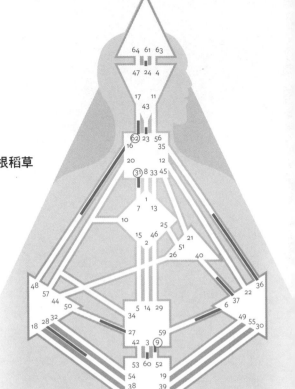

日	**16.3**	獨立
地	▲ **9.3**	壓垮駱駝的最後一根稻草
月	**6.3**	忠誠
北交	**27.2**	自給自足
南交	**28.2**	與魔鬼握手
水	**24.6**	挑剔
金	▼**62.3**	探索
火	▼**31.4**	意圖
木	**27.1**	自私
土	**37.2**	責任
天	**23.2**	自我防衛
海	**36.6**	正義
冥	**60.5**	領導力

16.3　獨立

發自內心，延續燃燒的熱情。

☽ ▲ 在對的時機點，才能保有韻律，避免過度膨脹。
具備個別技能，擁有潛藏才能，在適當的時機與節奏得以展現。

♂ ▼ 過度自信的孩子，容易感到挫敗，必須依賴他人，才能重新點燃熱情，產生不必要的依賴。
需要別人來肯定其技能或才華。

5
月

☽46　19:26　　♀2　20:32　　☽18　06:24

2023
05/29

18　　20　　22　　**Tuesday, May 30**　midnight　4　6　8　10

熱忱
領導者

16.4

2023/05/30 13:02 TWN
農曆 4/12（二）

領導者	**16.4**	☉
奉獻	**9.4**	⊕
無能	**18.4**	☽
自給自足	**27.2**	☊
與魔鬼握手	**28.2**	☋
直覺	**2.1**	☿
苦行主義	**62.4**▲	♀
意圖	**31.4**▼	♂
自給自足	**27.2**	♃
責任	**37.2**	♄
自我防衛	**23.2**	♅
正義	**36.6**	♆
領導力	**60.5**	♇

16.4 領導者
真誠支持，辨識出別人的才能。

♃ ▲ 具備熱忱，服務於更高的目標。
有技巧能辨識，並支持他人發揮天賦。

♂ ▼ 煽動者。
拒絕支持或辨識他人的才能。

5月

☽48 ䷲
17:15

☽57 ䷠
03:59

Wednesday, May 31
midnight

16   18   20   22   4   6   8

2023
05/31

16.5

熱忱
聖誕怪傑

2023/05/31 12:30 TWN

農曆 4/13（三）

日		16.5	聖誕怪傑
地	▼	9.5	相信
月	▼	57.5	進展
北交		27.2	自給自足
南交		28.2	與魔鬼握手
水		2.2	天才
金		62.5	質變
火		31.5	自以為是
木		27.2	自給自足
土		37.2	責任
天		23.2	自我防衛
海		36.6	正義
冥		60.5	領導力

16.5 聖誕怪傑

拒絕熱情分享。

P ▲ 能讓一切不僅是激情，最後轉換成強大且持久的熱情，如同狄更生的小氣財神。
對表達自己的技能缺乏自信，需要他人的鼓勵。

☽ ▼ 熱情分享時，難免感到錯亂，牽制了個人層面的發展。當……時，為什麼我該高興……
對於鼓勵別人所帶來的價值，缺乏自信。

☽32   ☽50   ☽28

14:36   01:04   11:25

2023   **Thursday, June 1**

05/31   midnight

16   18   20   22   4   6   8

熱忱
輕信

16.6

2023/06/01 11:58 TWN

農曆 4/14（四）

輕信	**16.6**	☉
感激	**9.6**	⊕
準備	**28.1**	☽
自給自足	**27.2**	☊
與魔鬼握手	**28.2**	☋
耐性	**2.3**	☿
自律	**62.6**	♀
自以為是	**31.5**	♂
自給自足	**27.2**	♃
責任	**37.2**	♄
自我防衛	**23.2**	♅
正義	**36.6**	♆
領導力	**60.5**	♇

16.6　輕信

對傳播的敏感度。

♆ ▲ 經由體驗與研究，澆熄誤導所引發的激情。
　　評斷的才華，對別人的表達進行評估。

♃ ▼ 相同原則，但海王星位居此相位，所以先破壞，再尋求新型態。
　　無法評估他人傳遞的訊息。

☽44 ♀56 ☽1
21:38 03:35 07:44
Friday, June 2
midnight

2023
06/02

4　16　18　20　22　　4　6　8

35.1

進展
謙遜

2023/06/02 11:27 TWN

農曆 4/15（五）

35-36　無常

日	▼	**35.1**	**謙遜**
地	▼	**5.1**	**毅力**
月		**1.3**	持續創作的能量
北交		**27.2**	自給自足
南交		**28.2**	與魔鬼握手
水	▲	**2.5**	靈活應用
金		**56.1**	質量
火		**31.6**	應用
木		**27.2**	自給自足
土		**37.2**	責任
天		**23.2**	自我防衛
海		**36.6**	正義
冥		**60.5**	領導力

35.1　謙遜
接受拒絕的能力。

♀ ▲ 人生是藝術，接受拒絕也是過程中的一部分。
改變與拒絕都是過程，坦然接受。

♆ ▼ 面對拒絕，產生自我毀滅的反應。
喪失自我價值，將改變與拒絕視為屈辱。

6月

```
         64 61 63
          47 24 4
          17  11
          43
       62 23 56
       16      35
       20      12
       31 8 33 45
            1
          7   13
       10
              25
      15 46      21
        2      51
           26    40
  48                    36
  57                 22
   44  50        6 37
 18 28 32      5 14 29    49 55 30
              34
            27   59
            42 3 9
          53 60 52
          54    19
          38    39
          58    41
```

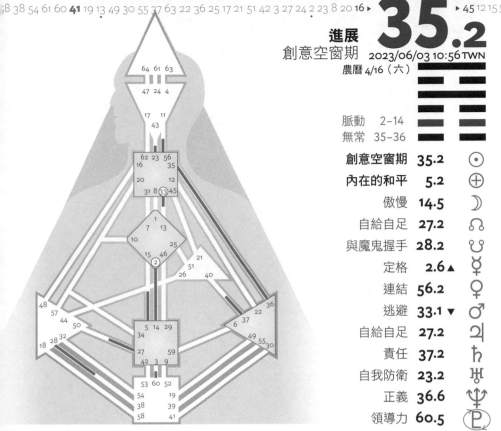

進展

35.2

創意空窗期   2023/06/03 10:56 TWN

農曆 4/16（六）

脈動　　2–14
無常　35–36

創意空窗期	**35.2**	☉
內在的和平	**5.2**	⊕
傲慢	**14.5**	☽
自給自足	**27.2**	☊
與魔鬼握手	**28.2**	☋
定格	**2.6 ▲**	☿
連結	**56.2**	♀
逃避	**33.1 ▼**	♂
自給自足	**27.2**	♃
責任	**37.2**	♄
自我防衛	**23.2**	♅
正義	**36.6**	♆
領導力	**60.5**	♇

35.2　創意空窗期

缺乏靈感，毫無進展。

♀ ▲ 繆思變化莫測，與之調諧，認知到創意是能量，如浪潮般起落。
　　創意與靈感總是來來去去。

☽ ▼ 為了克服空虛感，認為要採取行動，然而行動卻很一般。平庸的行動無法帶來進展。
　　需要改變，恐懼停滯。

6
月

☽34 ䷀　　　　☿23 ䷂　　　☽9 ䷆　　　　　☽5 ䷄

13:17　　　　　　　22:42　　　22:55　　　　　　08:27

Sunday, June 4
midnight

14　　　16　　　18　　　20　　　22　　　　midnight　　　4　　　6

2023
06/04

35.3

2023/06/04 10:26 TWN

進展
合作

農曆 4/17（日）

35-36　無常

日	▼**35.3**	合作
地	▼ **5.3**	強迫症
月	**5.2**	內在的和平
北交	**27.2**	自給自足
南交	**28.2**	與魔鬼握手
水	**23.1**	傳教
金	▼**56.3**	疏離
火	▼**33.1**	逃避
木	**27.3**	貪婪
土	**37.2**	責任
天	**23.2**	自我防衛
海	**36.6**	正義
冥	**60.4**	足智多謀

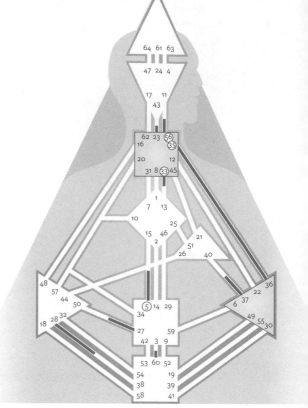

35.3　合作

團結就是力量。

月 ▲ 有效鼓舞眾人，能使個人與團體向外延伸。
能為大眾帶來漸進的變化。

日 ▼ 需要成為核心人物，而忽略他人的重要性。
需要成為前進的主軸。

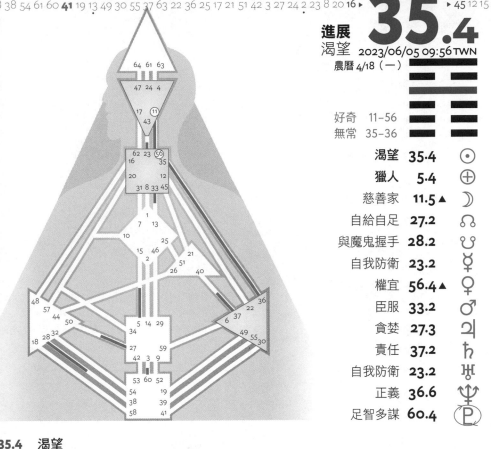

進展   # 35.4
渴望   2023/06/05 09:56 TWN
農曆 4/18（一）

好奇　11-56
無常　35-36

渴望	**35.4**	⊙
獵人	**5.4**	⊕
慈善家	**11.5** ▲	☽
自給自足	**27.2**	☊
與魔鬼握手	**28.2**	☋
自我防衛	**23.2**	☿
權宜	**56.4** ▲	♀
臣服	**33.2**	♂
貪婪	**27.3**	♃
責任	**37.2**	♄
自我防衛	**23.2**	♅
正義	**36.6**	♆
足智多謀	**60.4**	Ⓟ

35.4　渴望

貪求進步，永不滿足。

☽ ▲ 較不嚴峻。月有陰晴圓缺是最佳的比喻，驅動力宛如月盈月缺，逐步轉變，滿月時是執迷，隨著月亮變化，執迷也將逐步消退。

為改變而改變，隨年紀所累積的學習。

♂ ▼ 濫用地位，累積額外的好處，而這些不公平的奪取，必然會招來報應。

不斷前進的驅動力，終將得罪他人，導致交相指責。

6月

☽10☷
12:38

☽58☷
21:55

☽38☷
07:09

Tuesday, June 6
midnight

2　　14　　16　　18　　20　　　　2　　4　　6

2023 06/06

35.5

進展
利他主義

2023/06/06 09:27 TWN

農曆 4/19（二）芒種

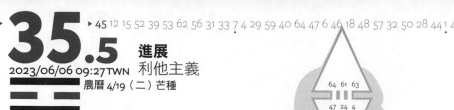

28–38　困頓掙扎
35–36　無常

日	**35.5**	利他主義
地	**5.5**	喜悅
月	▼**38.2**	彬彬有禮
北交	**27.2**	自給自足
南交	**28.2**	與魔鬼握手
水	**23.4**	分裂
金	**56.5**	吸引注意力
火	**33.2**	臣服
木	**27.3**	貪婪
土	**37.2**	責任
天	**23.2**	自我防衛
海	**36.6**	正義
⟨冥⟩	**60.4**	足智多謀

35.5　利他主義
犧牲小我，完成大我。

☿ ▲ 為了成就整體利益，並持互動與和諧溝通的諸多原則。
不斷進步的溝通方式，能為整體帶來有益的變化。

♃ ▼ 木星位於下降相位，雖然強調利他而相互合作，互動過程中，個人卻因此而失去擴展的
可能，暗自懊悔。
雖然在溝通層面一直進步，卻在個人層面，常常感覺自己失去發展的可能性。

6
月

☽54
16:22

☽61
01:34

Wednesday, June 7
midnight

2023
06/06

14　　16　　18　　20　　　2　　4　　6

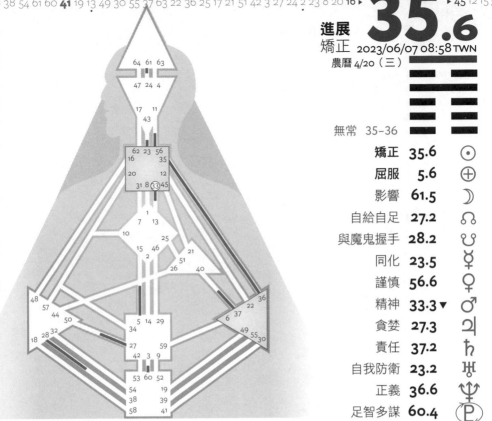

進展 # 35.6
矯正 2023/06/07 08:58 TWN
農曆 4/20（三）

無常 35-36

矯正	**35.6**	☉
屈服	**5.6**	⊕
影響	**61.5**	☽
自給自足	**27.2**	☊
與魔鬼握手	**28.2**	☋
同化	**23.5**	☿
謹慎	**56.6**	♀
精神	**33.3▼**	♂
貪婪	**27.3**	♃
責任	**37.2**	♄
自我防衛	**23.2**	♅
正義	**36.6**	♆
足智多謀	**60.4**	♇

35.6　矯正

修正的能量。

♄ ▲ 宛如結晶的過程，充滿野心，確保修正及時並有效。
　　修正帶來漸進式的變革。

♂ ▼ 破壞性的傾向。如此嚴厲的方式，或許對個人來說是必要的，但若想普及，將引發抗拒，
　　反倒強化現況，而無法矯正。
　　若想以嚴苛，甚至拆解的形式改變，必然招來抗拒。

☽60 10:46　　☽41 19:58　　♀31 00:44　　☿8 03:40　　☽19 05:13

Thursday, June 8
midnight

12　　14　　16　　18　　20　　2　　4

2023/06/08

45.1

聚集在一起
遊說

2023/06/08 08:29 TWN

農曆 4/21（四）

日	**45.1**	遊說
地	**26.1**	一鳥在手
月	▼ **19.3**	奉獻
北交	**27.2**	自給自足
南交	**28.2**	與魔鬼握手
水	▼ **8.1**	誠實
金	**31.1**	顯化
火	**33.4**	尊嚴
木	▲ **27.4**	慷慨
土	**37.2**	責任
天	**23.2**	自我防衛
海	**36.6**	正義
冥	**60.4**	足智多謀

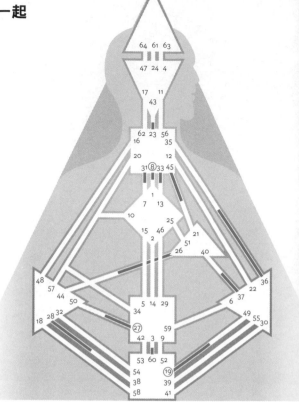

45.1 遊說

ㄗ ▲ 教化還未效忠的人，擁有推廣與發展能力，集結眾人。
物質層面的發展方向，首重教育。

♂ ▼ 過度熱心，將遊說變成傳教，換來的疏遠，而非凝聚力。
物質層面的驅動力，帶來激進的教育。

6
月

☽13 ䷀
14:27

☽49 ䷀
23:44

Friday, June 9
midnight

2023
06/08
12   14   16   18   20   22   4

聚集在一起
共識 **2023/06/09 07:59** TWN

45.2

農曆 4/22（五）

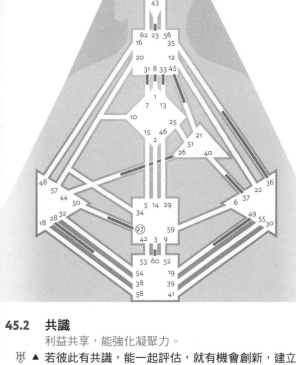

共識	**45.2**	☉
歷史的教訓	**26.2**	⊕
吸引力	**49.6**	☽
自給自足	**27.2**	☊
與魔鬼握手	**28.2**	☋
服務	**8.2**	☿
傲慢	**31.2**	♀
尊嚴	**33.4**	♂
慷慨	**27.4**▲	♃
責任	**37.2**	♄
自我防衛	**23.2**	♅
正義	**36.6**	♆
足智多謀	**60.4**	♇

45.2　共識

利益共享，能強化凝聚力。

♅ ▲ 若彼此有共識，能一起評估，就有機會創新，建立新技術。
為了利益他人，提供技術，指出物質層面的方向。

♂ ▼ 天生叛逆，拒絕墨守成規。
在物質層面，拒絕他人的作法。

6月

☽30 ▤
09:04

☽55 ▤
18:27

☽37 ▤
03:53

Saturday, June 10
midnight

0　　12　　14　　16　　18　　20　　　　　2　　4

2023
06/10

45.3

2023/06/10 07:32 TWN

農曆 4/23（六）

聚集在一起
排除在外

日	**45.3**	排除在外
地	**26.3**	影響
月	**37.3**	平等對待
北交	**27.2**	自給自足
南交	**28.2**	與魔鬼握手
水	▼ **8.4**	尊重
金	**31.3**	選擇性
火	**33.5**	時機
木	▲ **27.4**	慷慨
土	**37.2**	責任
天	**23.2**	自我防衛
海	**36.6**	正義
冥	**60.4**	足智多謀

45.3 排除在外

Ψ ▲ 當被排除在外，有能力採取必要措施，來中止老舊形式。為求被納入內圈，不惜受辱。
憑藉本能，在物質層面找到路徑，再度成為圈內人。

♂ ▼ 若被排除在外，會出現激進，並且往往是爆裂的反應。
在實質層面，未能被納入時，所表現出來的挫敗感。

64 61 63
47 24 4
17 11
43
62 23 56
16 35
20 12
31 8 33 45
1
7 13
10
25
15 46
2
51 21
26 40
48 36
57 22
44 37
50 5 14 29 6
34 49
18 28 32 27 59 55 30
42 3 9
53 60 52
54 19
38 39
58 41

6月

☽63 13:23 ☽22 22:58 ◖ 03:32

Sunday, June 11
midnight

2023
06/10

12 14 16 18 20 2 4

聚集在一起　　**45.4**

方向　2023/06/11 07:04 TWN

農曆 4/24（日）

方向	**45.4**	☉
審查	**26.4**	⊕
成熟	**22.6**	☽
自給自足	**27.2**	☊
與魔鬼握手	**28.2**	☋
交誼	**8.6**	☿
意圖	**31.4**	♀
離異	**33.6**	♂
慷慨	**27.4▲**	♃
責任	**37.2**	♄
自我防衛	**23.2**	♅
正義	**36.6**	♆
足智多謀	**60.4**	♇

45.4　方向

♃ ▲ 登高一呼，能聚眾為更高原則而服務。
　　在實質層面展現更高原則。

♂ ▼ 基於個人利益，試圖左右群眾的行動與方向。
　　在實質層面，欠缺更高原則的具體展現。

6月

☽36䷓
08:36

☽25䷒
18:19

☿20䷗
20:19

☽17䷗
04:06

Monday, June 12
midnight

10　12　14　16　18　20　2

2023
06/12

45.5

2023/06/12 06:36 TWN

農曆 4/25（一）

聚集在一起
領導力

日	**45.5**	領導力
地	**26.5**	適應力
月	▼ **17.2**	歧視
北交	**27.2**	自給自足
南交	**28.2**	與魔鬼握手
水	**20.1**	表面化
金	**31.5**	自以為是
火	**33.6**	離異
木	▲ **27.4**	慷慨
土	**37.2**	責任
天	**23.3**	個體性
海	**36.6**	正義
冥	**60.4**	足智多謀

45.5　領導力
聚集群眾要有核心意義，並且要能聚焦。

♆ ▲ 具有直覺的智慧，以及創新的天賦，能強化團體功能，推崇核心價值，永續經營。
在實質世界，展現領導力的天賦。

♃ ▼ 知道何謂正確的行動，卻尚未贏得應有的尊重。
具有領導力，還未被賦予重任。

6月

☽21 13:57　　♂7 20:03　　☽51 23:54

Tuesday, June 13　midnight

2023 06/12
10　12　14　16　18　20　2　4

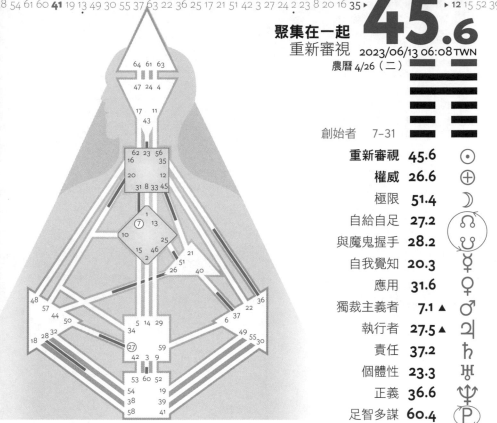

聚集在一起 **45.6**
重新審視 2023/06/13 06:08 TWN
農曆 4/26（二）

創始者	7–31	
重新審視	**45.6**	☉
權威	**26.6**	⊕
極限	**51.4**	☽
自給自足	**27.2**	☊
與魔鬼握手	**28.2**	☋
自我覺知	**20.3**	☿
應用	**31.6**	♀
獨裁主義者	**7.1** ▲	♂
執行者	**27.5** ▲	♃
責任	**37.2**	♄
個體性	**23.3**	♅
正義	**36.6**	♆
足智多謀	**60.4**	♇

45.6 重新審視

承認之前摒棄局外人是錯誤，重新接受並納入群體。

♅ ▲ 對於局外人的心態，他們的古怪，以及常被人誤解的邏輯，天生就能同理。
為局外人服務，在物質層面帶來新趨勢。

♃ ▼ 天王星是創新，為局外人找到定位。木星在此則要求服從。
焦點放在如何制約局外人，意圖使其順從，這就是現實的趨勢。

☽42 ䷒
09:54

☽3 ䷜
19:59

Wednesday, June 14
midnight

10 12 14 16 18 20 2

2023
06/14

12.1

靜止不動
修道士、僧侶

2023/06/14 05:40 TWN

農曆 4/27（三）

3–60　突變
7–31　創始者

日		**12.1**	修道士、僧侶
地		**11.1**	和調
月	▼	**3.6**	臣服
北交		**27.2**	自給自足
南交		**28.2**	與魔鬼握手
水		**20.5**	現實主義
金		**31.6**	應用
火	▲	**7.1**	獨裁主義者
木	▲	**27.5**	執行者
土		**37.2**	責任
天		**23.3**	個體性
海		**36.6**	正義
冥		**60.4**	足智多謀

12.1　修道士、僧侶
避世，需要社群的支持來維持。

♀ ▲ 美與和諧，超越誘惑的可能性。
若能得到他人支持，就能脫離社會並展現箇中價值。

♃ ▼ 敘利亞苦修者西蒙・斯泰萊特（Simeon Stylites），在一根高塔上生活三十七年，徹底抽離，往往近乎荒誕。
在社交上表現出荒謬的方式，情感的連結近乎抽離。

6月

♀33

05:43

☿16

04:29

☽27

06:09

☽24

16:23

☽2

02:41

2023
06/14

10　　12　　14　　16　　18　　20　　2

Thursday, June 15

midnight

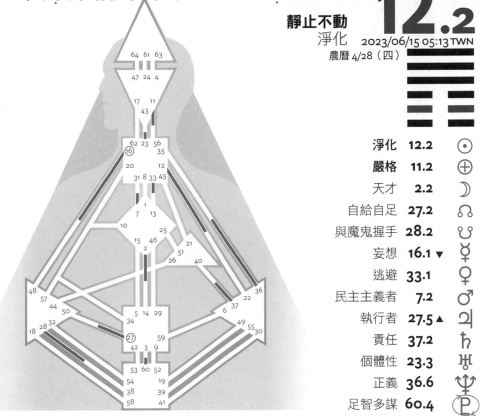

12.2

靜止不動
淨化　2023/06/15 05:13 TWN
農曆 4/28（四）

淨化	**12.2** ☉
嚴格	**11.2** ⊕
天才	**2.2** ☽
自給自足	**27.2** ☊
與魔鬼握手	**28.2** ☋
妄想	**16.1** ▾ ☿
逃避	**33.1** ♀
民主主義者	**7.2** ♂
執行者	**27.5** ▴ ♃
責任	**37.2** ♄
個體性	**23.3** ♅
正義	**36.6** ♆
足智多謀	**60.4** ♇

12.2　淨化

嚴謹地從負面的影響力中抽離。

♄ ▴ 自律，保有單純的狀態。
　　嚴守分際，謹慎遵循社會規範。

☿ ▾ 缺乏刺激，感覺無聊。
　　謹慎小心最後就是無趣，表達對刺激的渴望。

6月

☽23䷀
13:03

☽8䷀
23:29

Friday, June 16
midnight

8　　10　　12　　14　　16　　18　　20

2023
06/16

12.3

靜止不動
自白

2023/06/16 04:46 TWN

農曆 4/29（五）

日	**12.3**	**自白**
地	**11.3**	**現實主義者**
月	**8.4**	尊重
北交	**27.2**	自給自足
南交	**28.2**	與魔鬼握手
水	▼**16.2**	憤世嫉俗的人
金	**33.2**	臣服
火	**7.3**	無政府主義者
木	▲**27.5**	執行者
土	**37.2**	責任
天	**23.3**	個體性
海	**36.6**	正義
冥	**60.4**	足智多謀

12.3 自白

自我分析的過程。

♆ ▲ 承認不足，放下不必要的虛榮。
在社交上表現得不得體，引發自我檢視，也導致小心謹慎的傾向。

♂ ▼ 有悖常理，常常陷入誇大的自我憎恨。
社交互動層面深感不足，感覺自我憎恨。

6月

☽20☰
10:00

☽16☰
20:35

Saturday, June 17
midnight

2023
06/16

8 10 12 14 16 18 20 2

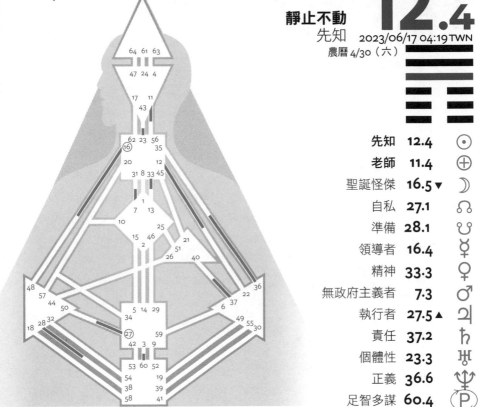

靜止不動
先知
12.4
2023/06/17 04:19 TWN
農曆 4/30（六）

先知	**12.4**	☉
老師	**11.4**	⊕
聖誕怪傑	**16.5▾**	☽
自私	**27.1**	☊
準備	**28.1**	☋
領導者	**16.4**	☿
精神	**33.3**	♂
無政府主義者	**7.3**	♃
執行者	**27.5▴**	♄
責任	**37.2**	♅
個體性	**23.3**	♆
正義	**36.6**	
足智多謀	**60.4**	♇

12.4 先知

面對進入尾聲的停滯期，有能力預見並計畫。

⊕ ▴ 替停滯的現況注入活水，為公眾事務做準備。
能預知社交的需求，並且有能力充分表達，一直到劃下句點都謹慎以對。

☿ ▾ 來自曠野之聲（比喻無人理會的改革之聲）。
表達社交的需求，卻無法振聲啟聵。

6月

☽35 ䷕
07:14

☽45 ䷗
17:56
Sunday, June 18
midnight

2023
06/18

8　10　12　14　16　18　20

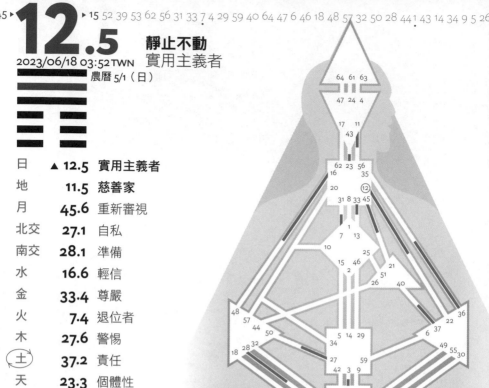

12.5

靜止不動
實用主義者

2023/06/18 03:52 TWN

農曆 5/1（日）

日	▲	**12.5**	**實用主義者**
地		**11.5**	**慈善家**
月		**45.6**	重新審視
北交		**27.1**	自私
南交		**28.1**	準備
水		**16.6**	輕信
金		**33.4**	尊嚴
火		**7.4**	退位者
木		**27.6**	警惕
土		**37.2**	責任
天		**23.3**	個體性
海		**36.6**	正義
冥		**60.4**	足智多謀

12.5　實用主義者

成功自制，當某個階段結束，不會忘記學到的課題。

⊙ ▲ 光明，總會意識到黑暗存在。
　　社交經驗的累積，懂得凡事要謹慎以對。

♂ ▼ 傾向只記得最痛苦的教訓。
　　謹慎是制約，來自於最痛苦的社會歷練。

6月

🌙·12·☰
04:43

☿35☰
06:24

2023
06/18

🌙15☰
15:35

🌙52☰
02:30

12:39

Monday, June 19
midnight

8　　10　　12　　14　　16　　18　　20

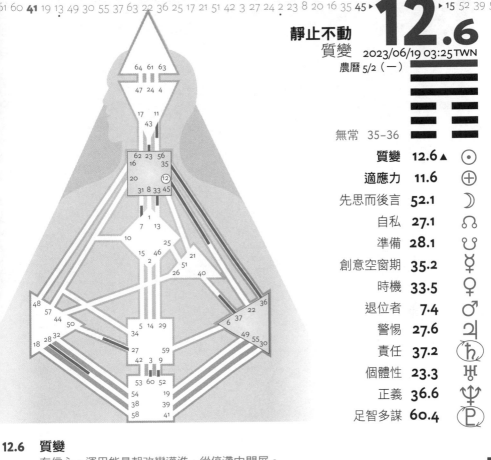

靜止不動 # 12.6
質變　2023/06/19 03:25 TWN
農曆 5/2 （一）

無常　35-36

質變	**12.6** ▲	☉
適應力	**11.6**	⊕
先思而後言	**52.1**	☽
自私	**27.1**	☊
準備	**28.1**	☋
創意空窗期	**35.2**	☿
時機	**33.5**	♀
退位者	**7.4**	♂
警惕	**27.6**	♃
責任	**37.2**	♄
個體性	**23.3**	♅
正義	**36.6**	♆
足智多謀	**60.4**	♇

12.6　質變

有信心，運用能量朝改變邁進，從停滯中開展。

☉ ▲ 若與22號閘門相連，接通開放的通道，將帶來創意的全面進化，成功引發突變，產生新的社交型態。
　　突變的能力，表達全新社交型態。

⊕ ▼ 退行性變態，面對靜止，演化出全新的適應模式。
　　完美調整，謹慎以對，可以接受社交面的諸多限制。

6
月

☽ 39 ䷗
13:29

☽ 53 ䷏
00:32

Tuesday, June 20
midnight

15.1

謙遜
職責

2023/06/20 02:59 TWN

農曆 5/3（二）

35–36　無常

日	**15.1**	**職責**
地	**10.1**	**謙遜**
月	▲**53.2**	氣勢
北交	**27.1**	自私
南交	**28.1**	準備
水	**35.4**	渴望
金	**33.6**	離異
火	**7.5**	將軍
木	**27.6**	警惕
土	**37.2**	責任
天	**23.3**	個體性
海	**36.6**	正義
冥	**60.4**	足智多謀

15.1　職責

為所期待，處理各種挑戰的能力。

♀ ▲ 和諧的人際關係，足以提供支持來達成各種任務。
經由各種極端與和諧的關係，能獨力面對任何挑戰。

♂ ▼ 提出各種激進的主張，造成疏離。
透過自身的極端，與人疏離。

6月

☽56

22:50

♀7

☽62

11:40

22:21

Wednesday, June 21
midnight

8　10　12　14　16　18　20

15.2

謙遜
影響   2023/06/21 02:33 TWN
農曆 5/4（三）夏至

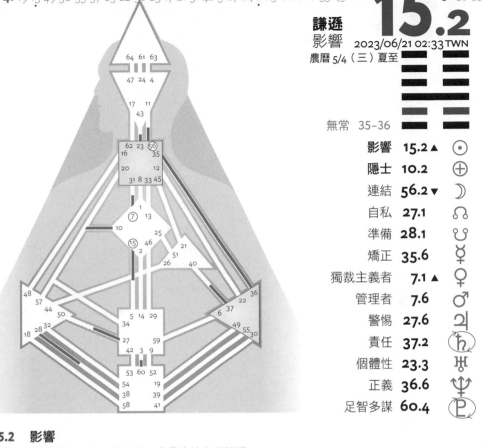

無常　35-36

影響	**15.2 ▲**	☉
隱士	**10.2**	⊕
連結	**56.2 ▼**	☾
自私	**27.1**	☊
準備	**28.1**	☋
矯正	**35.6**	☿
獨裁主義者	**7.1 ▲**	♀
管理者	**7.6**	♂
警惕	**27.6**	♃
責任	**37.2**	♄
個體性	**23.3**	♅
正義	**36.6**	♆
足智多謀	**60.4**	♇

15.2　影響

☉ ▲ 態度謙遜加上行動正確，會帶來持久的標準。
　　能接受自己，視自身的極端是正確的。

⊕ ▼ 太陽坐落的位置，通常都是天生的，而地球在此則屬於人為，但無損於其力量，還是能
　　獲得預期中的效果。
　　善用本性中的極端之處，來影響他人。

6月

☿45 03:39　　　☾31 10:05　　　☾33 21:22

Thursday, June 22
midnight

6　　8　　10　　12　　14　　16　　18　　20

15.3

2023/06/22 02:07 TWN

農曆 5/5（四）端午節

謙遜
自我膨脹

日	**15.3**	自我膨脹
地	▲ **10.3**	烈士
月	**33.3**	精神
北交	**27.1**	自私
南交	**28.1**	準備
水	**45.3**	排除在外
金	▲ **7.1**	獨裁主義者
火	**7.6**	管理者
木	**27.6**	警惕
土	**37.2**	責任
天	**23.3**	個體性
海	**36.6**	正義
冥	**60.4**	足智多謀

15.3　自我膨脹

被認定為謙虛自持，將會出現自我毀滅的風險。

⊕ ▲ 為了持續獲得認同，故作謙虛，就算顯得負面做作，也是有效的策略。
將自己的極端當成策略，操控生命之流。

☿ ▼ 抱持「我早說過了」的心態。
能直指別人的極端之處。

6月

♂4 ☵
07:59
☽7 ☵
08:42

♃24 ☵
04:32

☽4 ☵
20:03

Friday, June 23
midnight

2023
06/22

6　　8　　10　　12　　14　　16　　18　　20

謙遜 # 15.4

壁花

2023/06/23 01:41 TWN

農曆 5/6（五）

壁花	**15.4**	☉
機會主義者	**10.4**	⊕
不負責任	**4.3**	☽
自私	**27.1**	☊
準備	**28.1**	☋
領導力	**45.5**	☿
民主主義者	**7.2**	♀
愉悅	**4.1** ▲	♂
疏忽之罪	**24.1**	♃
責任	**37.2**	♄
個體性	**23.3**	♅
正義	**36.6**	♆
足智多謀	**60.4**	♇

15.4　壁花

　　將謙遜當成外殼，免得暴露自身的不足。

♃ ▲ 真誠的狀態，或許可以（或不可以）掩蓋不足。
　　跳脫生命之流時，自己感到不自在。

♄ ▼ 最終薄弱的辯護，只會自曝其短，招來屈辱。
　　極端主義令自我無法流動。

6月

☊ 3

☋ 50

07:27　10:40

☽29

☽59　☿12

18:51　21:27

Saturday, June 24

midnight

4　6　8　10　12　14　16　18　20

15.5

謙遜
敏感性

2023/06/24 01:16 TWN

農曆 5/7（六）

3-60 突變

日	**15.5**	**敏感性**
地	**10.5**	**異端者**
月	**59.4**	手足情誼
北交	▼ **3.6**	臣服
南交	**50.6**	領導力
水	**12.1**	修道士、僧侶
金	**7.3**	無政府主義者
火	▼ **4.2**	接受
木	**24.1**	疏忽之罪
土	**37.2**	責任
天	**23.3**	個體性
海	**36.6**	正義
冥	**60.4**	足智多謀

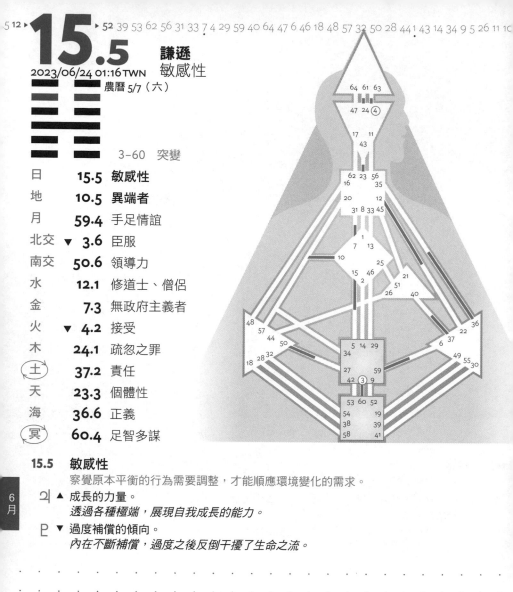

15.5 敏感性

察覺原本平衡的行為需要調整，才能順應環境變化的需求。

↗ ▲ 成長的力量。
透過各種極端，展現自我成長的能力。

P ▼ 過度補償的傾向。
內在不斷補償，過度之後反倒干擾了生命之流。

6月

☽40 06:14

☽64 17:37

Sunday, June
midni

2023
06/24

6   8   10   12   14   16   18   20

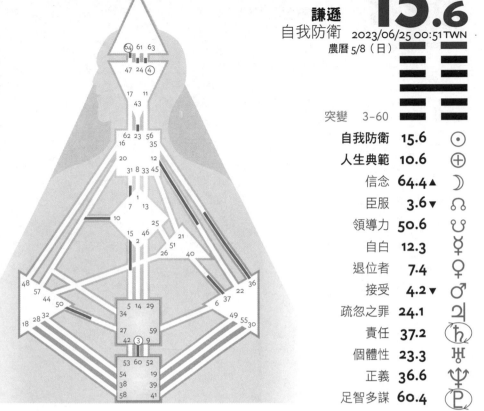

謙遜 自我防衛 **15.6**

2023/06/25 00:51 TWN
農曆 5/8（日）

突變	3-60	
自我防衛	**15.6**	⊙
人生典範	**10.6**	⊕
信念	**64.4▲**	☾
臣服	**3.6▼**	☊
領導力	**50.6**	☋
自白	**12.3**	☿
退位者	**7.4**	♀
接受	**4.2▼**	♂
疏忽之罪	**24.1**	♃
責任	**37.2**	♄
個體性	**23.3**	♅
正義	**36.6**	♆
足智多謀	**60.4**	♇

15.6　自我防衛

謙遜並不會被當成軟弱。

♇ ▲ 不斷重複檢驗，排除最弱的環節。
運用自我的力量探索極端，找出最大的弱點。

♀ ▼ 將和諧當成武器，傾向以此來解決問題，而非聚焦於治本。
為了和諧，弱點視而不見，自我的力量傾向以和為貴。

6
月

☾47 04:58

☾6 16:15

Monday, June 26
midnight

4　　6　　8　　10　　12　　14　　16　　18　　20

52.1

維持不動（山）

2023/06/26 00:26 TWN   先思而後言

農曆 5/9（一）

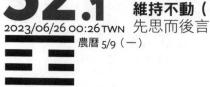

3-60 突變

日	**52.1**	**先思而後言**
地	**58.1**	**生命之愛**
月	▼ **6.5**	**仲裁**
北交	▼ **3.6**	**臣服**
南交	**50.6**	**領導力**
水	**12.5**	**實用主義者**
金	▲ **7.5**	**將軍**
火	**4.3**	**不負責任**
木	**24.1**	**疏忽之罪**
⊕土	**37.2**	**責任**
天	**23.3**	**個體性**
海	**36.6**	**正義**
⊕冥	**60.4**	**足智多謀**

52.1 先思而後言

⊕ ▲ 暫停的片刻饒富深意，引發沉默。
安撫的能量，帶來靜止。

♂ ▼ 先吐為快，之後就要承擔後果。
無法靜下來的能量。

6月

☽18☰
14:38

☽46☰
03:29

☿15☰
12:57

15:51
Tuesday, June 27
midnight

2023
06/26

4   6   8   10   12   14   16   18

52.2

維持不動（山）
關心 2023/06/27 00:01 TWN
農曆 5/10（二）

突變	3-60	
批評	18-58	

關心	**52.2**	⊙
變態	**58.2**	⊕
成佛	**18.6**▼	☽
臣服	**3.6**▼	☊
領導力	**50.6**	☋
影響	**15.2**	☿
將軍	**7.5**▲	♀
不負責任	**4.3**	♂
疏忽之罪	**24.1**	♃
責任	**37.2**	♄
個體性	**23.3**	♅
正義	**36.6**	♆
足智多謀	**60.4**	♇

52.2　關心

♀ ▲ 主張暫停，一開始是為了利他。
　　為了讓人獲益，先施壓抑制能量。

♂ ▼ 自私唐突地暫停，別人可能因而莫名受害。
　　被迫自私地抑制能量，別人卻付出代價。

☽48 ䷜
1:41

☽57 ䷖
12:37

☽32 ䷟
23:26

4　6　8　10　12　14　16　18　20

2023
06/27

52.3

2023/06/27 23:37 TWN

農曆 5/10（二）

維持不動（山）
控制

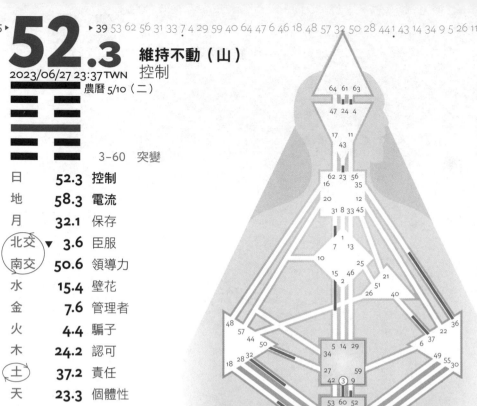

3-60　突變

日	**52.3**	**控制**
地	**58.3**	電流
月	**32.1**	保存
北交 ▼	**3.6**	臣服
南交	**50.6**	領導力
水	**15.4**	壁花
金	**7.6**	管理者
火	**4.4**	騙子
木	**24.2**	認可
土	**37.2**	責任
天	**23.3**	個體性
海	**36.6**	正義
冥	**60.4**	足智多謀

52.3　控制

向外展露無為。

ħ ▲ 基於本性，能了解限制，或許能進而接受，善用這段期間，重新制定策略。
接受無為的能量。

♀ ▼ 面對限制強烈不滿，擾亂原本的平靜，導致情感抽離，模糊了遠景。
限制所帶來的壓力，擾亂平靜。

6
月

☽50 ☰   ♀4 ☰   ☽28 ☰

10:07   11:04   20:40

Wednesday, June 28

midnight   6   8   10   12   14   16   18   20

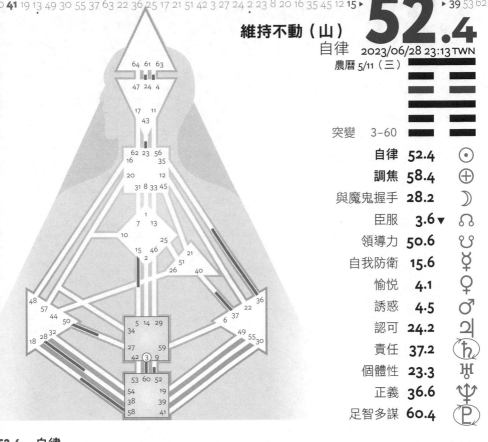

維持不動（山）
自律

52.4

2023/06/28 23:13 TWN
農曆 5/11（三）

突變	3-60	
自律	**52.4**	⊙
調焦	**58.4**	⊕
與魔鬼握手	**28.2**	☽
臣服	**3.6**▼	☋
領導力	**50.6**	☊
自我防衛	**15.6**	☿
愉悅	**4.1**	♀
誘惑	**4.5**	♂
認可	**24.2**	♃
責任	**37.2**	♄
個體性	**23.3**	♅
正義	**36.6**	♆
足智多謀	**60.4**	♇

52.4 自律

♄ ▲ 完美的自律與自制，能明快又明智地處理一時衝動，輕而易舉。
自制力，體會到靜止與專注相當有價值。

♃ ▼ 基於對現況的理解，明白控制也有準則，這是必然的結果，儘管早有應對之道，但基於向外擴展的天性，仍然質疑又焦慮。
面對限制，湧現慌張的能量與疑慮。

6月

☿52 ䷑   ☽44 ䷫   ☽1 ䷀
03:10   07:04   17:19

52.5

維持不動（山）
解釋

2023/06/29 22:49 TWN
農曆 5/12（四）

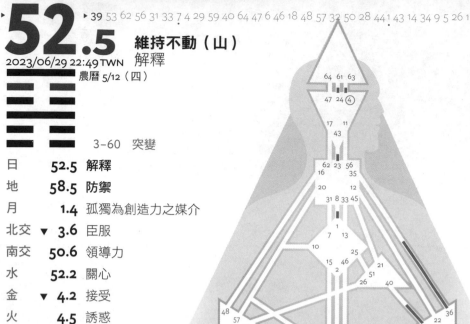

3-60　突變

日	**52.5**	解釋
地	**58.5**	防禦
月	**1.4**	孤獨為創造力之媒介
北交 ▼	**3.6**	臣服
南交	**50.6**	領導力
水	**52.2**	關心
金 ▼	**4.2**	接受
火	**4.5**	誘惑
木	**24.2**	認可
土	**37.2**	責任
天	**23.3**	個體性
海	**36.6**	正義
冥	**60.4**	足智多謀

52.5　解釋

若是無為，要好好解釋自己的立場，這是非常重要的能力。

⊕ ▲ 常說出簡要精確的說法。
無為與專注，才能指向細節。

♇ ▼ 曲折迴旋，揭露神祕的本質，出乎意料之外，通常招致誤解。
若無為太久，容易失焦而無法顧及細節。

6月

☽43 ䷖
03:26

☽14 ䷏
13:24

Friday, June 30
midnight　　4　　6　　8　　10　　12　　14　　16　　18　　20

維持不動（山）

52.6

平和　2023/06/30 22:25 TWN

農曆 5/13（五）

突變	3-60	
平和	**52.6**	☉
忘形	**58.6**	⊕
謙遜	**14.6**	☽
臣服	**3.6**▾	☊
領導力	**50.6**	☋
解釋	**52.5**	☿
接受	**4.2**▾	♀
超越	**4.6**▾	♂
認可	**24.2**	♃
責任	**37.2**	♄
個體性	**23.3**	♅
正義	**36.6**	♆
足智多謀	**60.4**	♇

52.6　平和

♀ ▲ 調頻為和諧與平衡的狀態，無入而不自得。
　　靜下來，沒有壓力。

♆ ▾ 以妄想來取代真正的寧靜，在此代表正面的本質，就算是妄想，彷彿也會帶來真實的效果。
　　平衡極端，不論是真實或幻想所帶來的壓力，都不會干擾寧靜的狀態。

6月

☽34 ☷
23:13

Saturday, July 1
midnight

☽9 ☶
08:54

♂29 ☶
17:26

☿39 ☶
17:00

☽5 ☶
18:28

2023/07/01

4　6　8　10　12　14　16　18

39.1

2023/07/01 22:01 TWN

農曆 5/14（六）

阻礙
脫離

3–60　突變

日	▼**39.1**	**脫離**
地	**38.1**	**素質**
月	▼ **5.3**	強迫症
北交	▼ **3.6**	臣服
南交	**50.6**	領導力
水	▼**39.1**	脫離
金	▲ **4.3**	不負責任
火	▲**29.1**	徵召
木	**24.2**	認可
土	**37.2**	責任
天	**23.4**	分裂
海	**36.6**	正義
冥	**60.4**	足智多謀

7月

39.1　脫離

♂ ▲ 面對阻礙時，決定暫時撤退。
　　挑釁的能量，拒絕面對阻礙。

☿ ▼ 脫離。優柔寡斷，思考何時能再重建關係。若不確定如何重新投入，不想面對阻礙。
　　猶豫不決也是激怒的形式。

☽26 03:54

☽11 13:15

Sunday, July 2
midnight　4　6　8　10　12　14　16　18

阻礙 39.2
對抗

2023/07/02 21:38 TWN
農曆 5/15（日）

突變　3-60

對抗	**39.2**	☉
彬彬有禮	**38.2**	⊕
適應力	**11.6**	☽
臣服	**3.6▼**	☊
領導力	**50.6**	☋
責任	**39.3**	☿
騙子	**4.4**	♀
徵召	**29.1▲**	♂
上癮者	**24.3▼**	♃
責任	**37.2**	♄
分裂	**23.4**	♅
正義	**36.6**	♆
足智多謀	**60.4**	♇

7月

39.2　對抗

☽ ▲ 出於本能，面對障礙直接迎擊。
　　直接攻擊，挑釁的能量。

♃ ▼ 為求保全，面對本應處理的障礙，傾向繞道而行。
　　就算直接攻擊是必要的，依然在情感上帶來衝擊。

☽10 ䷀
22:29

☽58 ䷑
07:39

☽38 ䷭
16:44

19:41

Monday, July 3
midnight　　4　　6　　8　　10　　12　　14　　16　　18

39.3

阻礙
責任

2023/07/03 21:14 TWN

農曆 5/16（一）

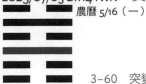

3-60　突變

日	**39.3**	**責任**
地	▼**38.3**	**結盟**
月	▼**38.3**	結盟
北交	▼ **3.6**	臣服
南交	**50.6**	領導力
水	**39.6**	解決麻煩者
金	**4.4**	騙子
火	**29.2**	評定
木	▼**24.3**	上癮者
土	**37.2**	責任
天	**23.4**	分裂
海	**36.6**	正義
冥	**60.4**	足智多謀

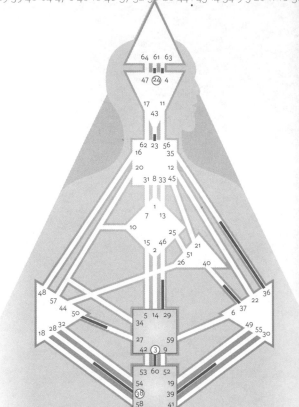

7月

39.3　責任

若失敗會讓別人身陷險境，就會避免面對障礙。

♃ ▲ 著眼於誰獲益，以整體架構為首要考量。
透過自我犧牲，展現挑釁的能量。

⊕ ▼ 常常預設會發生災難，擔憂若沒有面對阻礙，他人將陷於更大的險境之中。
並未犧牲，行為依然散發挑釁的能量。

阻礙 39.4

節制   2023/07/04 20:51 TWN

農曆 5/17（二）

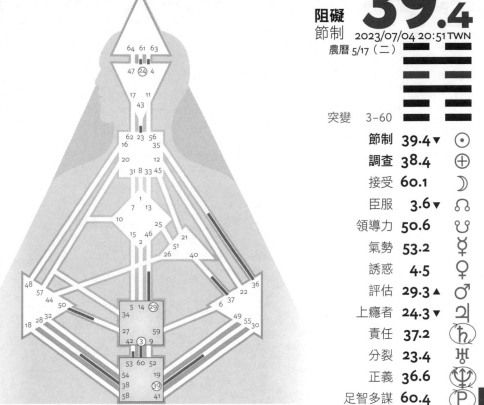

突變   3-60

節制	**39.4**▼	⊙
調查	**38.4**	⊕
接受	**60.1**	☽
臣服	**3.6**▼	☊
領導力	**50.6**	☋
氣勢	**53.2**	☿
誘惑	**4.5**	♀
評估	**29.3**▲	♂
上癮者	**24.3**▼	♃
責任	**37.2**	♄
分裂	**23.4**	♅
正義	**36.6**	♆
足智多謀	**60.4**	♇

7月

39.4 節制

採取行動之前，仔細評估衡量。

☽ ▲ 確立適當的時機，善用感受與本能。
在最正確的時機點，施力挑釁。

⊙ ▼ 錯誤的信念，不顧環境因素，只須憑藉意志力就能克服阻礙。
忽視環境因素，挑釁的能量。

39.5

阻礙
專心致志

2023/07/05 20:27 TWN

農曆 5/18（三）

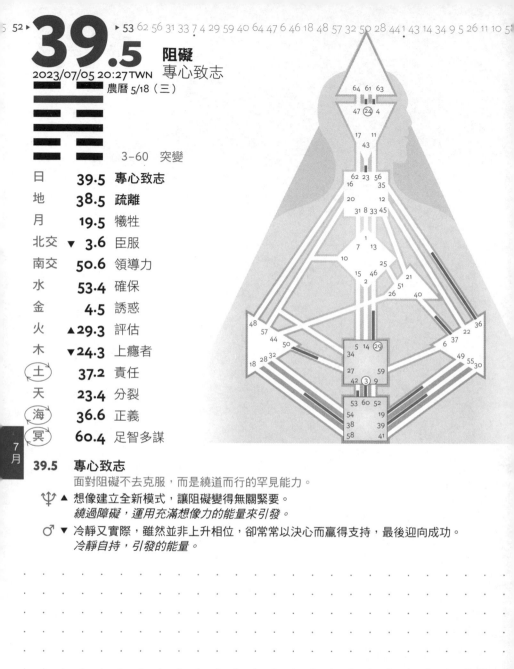

3-60　突變

日	**39.5**	**專心致志**
地	**38.5**	**疏離**
月	**19.5**	犧牲
北交 ▼	**3.6**	臣服
南交	**50.6**	領導力
水	**53.4**	確保
金	**4.5**	誘惑
火 ▲	**29.3**	評估
木 ▼	**24.3**	上癮者
(土)	**37.2**	責任
天	**23.4**	分裂
(海)	**36.6**	正義
(冥)	**60.4**	足智多謀

7月

39.5　專心致志

面對阻礙不去克服，而是繞道而行的罕見能力。

♆ ▲ 想像建立全新模式，讓阻礙變得無關緊要。
　　繞過障礙，運用充滿想像力的能量來引發。

♂ ▼ 冷靜又實際，雖然並非上升相位，卻常常以決心而贏得支持，最後迎向成功。
　　冷靜自持，引發的能量。

☽13 ☷　　　　　☽49 ☶　　　　　☽30 ☲
22:37　　　　　　07:37　　　　　　16:39

2023

07/05　**Thursday, July 6**
　　　　midnight　　4　　　6　　8　　10　　12　　14　　16　　1

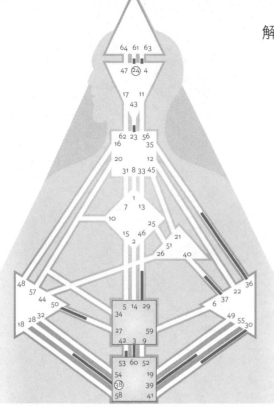

阻礙 # 39.6

解決麻煩者 2023/07/06 20:04 TWN

農曆 5/19（四）

突變　3-60

解決麻煩者	**39.6**	☉
誤解	**38.6▼**	⊕
順從	**30.3**	☽
受害	**3.5**	☊
一致性	**50.5**	☋
逐步進行	**53.6**	☿
超越	**4.6**	♀
直接	**29.4**	♂
上癮者	**24.3▼**	♃
責任	**37.2**	♄
分裂	**23.4**	♅
正義	**36.6**	♆
足智多謀	**60.4**	♇

7 月

39.6　解決麻煩者

生來具備解決問題的天賦。

☽ ▲ 務實，引導與滋養他人的能力。
　　試圖解決對方的問題，此舉動已經充滿挑釁的能量。

♂ ▼ 我執，並非為了眾人福利，而是因為自我擴張，或試圖想滿足個人的野心。
　　以情緒為驅動力來主導，激怒他人。

☿62 ☷ ☽55 ☶ ☽37 ☴

22:58　01:45 10:54

Friday, July 7
midnight　4　6　8　10　12　14　16

2023
07/07

2　4　6　8　10　12　14　16

53.1

發展
累積

2023/07/07 19:40 TWN

農曆 5/20（五）小暑

3-60　突變

日	**53.1**	**累積**
地	**54.1**	**影響**
月	**37.6**	目的
北交	**3.5**	受害
南交	**50.5**	一致性
水	▼**62.2**	抑制
金	**4.6**	超越
火	**29.4**	直接
木	▼**24.3**	上癮者
土	**37.2**	責任
天	**23.4**	分裂
海	**36.6**	正義
冥	**60.4**	足智多謀

7
月

53.1　累積

♆ ▲ 終結舊有形式，並不會捨棄重要元素，反倒能將之保留並轉化。
　　想開創新事物的壓力，不必從頭做起，而是建構在既定的基礎之上。

♀ ▼ 發展的過程中，備受批評而感到窒礙難行，傾向退縮，未能善用過往經歷。
　　舊有人事物所帶來的批評，讓新的開始變得困難。

☽63 ䷾
20:08

♀29 ䷗
21:48

☽22 ䷓
05:27

☽36 ䷣
14:51

07/07

Saturday, July 8
midnight　　4　　　6　　　8　　　10　　　12　　　14　　　16

53.2

發展
氣勢

2023/07/08 19:16 TWN

農曆 5/21（六）

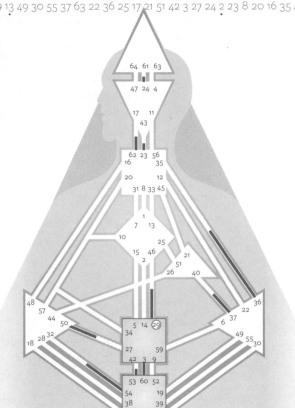

突變　3-60

氣勢	**53.2**	☉
謹慎	**54.2**	⊕
過渡	**36.3**	☾
受害	**3.5**	☊
一致性	**50.5**	☋
質變	**62.5**	☿
徵召	**29.1** ▲	♀
過度擴張	**29.5**	♂
隱士	**24.4**	♃
責任	**37.2**	♄
分裂	**23.4**	♅
正義	**36.6**	♆
足智多謀	**60.4**	♇

7月

53.2　氣勢

成功孕育成功。

☾ ▲ 過往的成功形成保護網，培育更多成就。
　　過往的成功也是壓力，需要開展新事物。

♂ ▼ 年少得志，造成急促輕率的傾向。
　　過往的成功形成壓力，對新事物缺乏耐性。

☾25☰
00:21

☾17☰☴
09:57

☿56☰☴
16:35

Sunday, July 9
midnight

53.3

發展
實際

2023/07/09 18:52 TWN

農曆 5/22（日）

3-60　突變

日	**53.3**	**實際**
地	**54.3**	**動用關係**
月	▲ **17.6**	菩薩
北交	**3.5**	受害
南交	**50.5**	一致性
水	**56.1**	質量
金	▲ **29.1**	徵召
火	▲ **29.6**	困惑
木	**24.4**	隱士
⊕土	**37.2**	責任
天	**23.4**	分裂
⊕海	**36.6**	正義
⊕冥	**60.4**	足智多謀

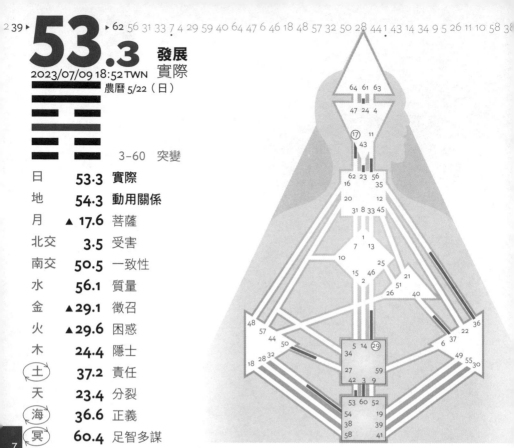

7月

53.3　實際

☾ ▲ 在最自然的狀態下，著眼點是如何避免衝突，因而獲得保障，得以持續發展。
　　為了發展，消弭衝突的壓力。

♂ ▼ 無意識引發衝突，在邏輯上將會危及安全，影響後續發展。
　　激發衝突能量，發展備受威脅。

☾21 ☰

☾51 ☰

☾42 ☰

19:30

05:28

09:49

15:23

2023
07/09

Monday, July 10

midnight　4　6　8　10　12　14　16

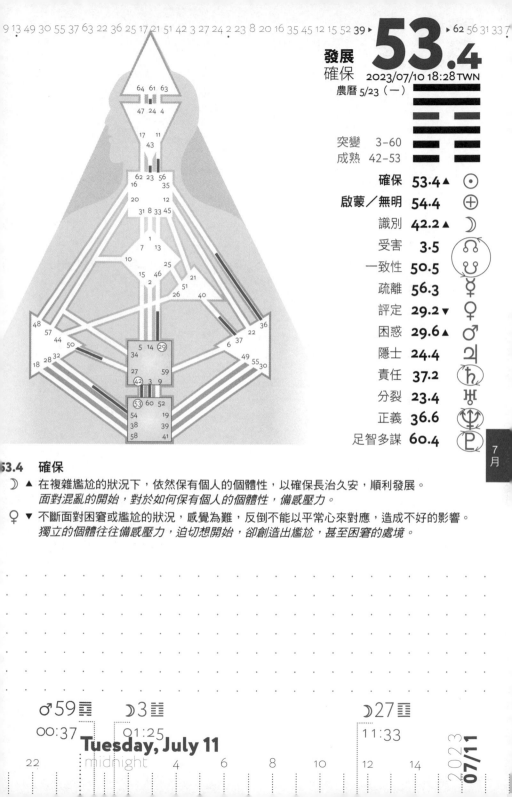

發展 # 53.4
確保 2023/07/10 18:28 TWN
農曆 5/23（一）

突變　3-60
成熟　42-53

確保	**53.4▲**	☉
啟蒙／無明	**54.4**	⊕
識別	**42.2▲**	☽
受害	**3.5**	☋
一致性	**50.5**	☊
疏離	**56.3**	☿
評定	**29.2▼**	♀
困惑	**29.6▲**	♂
隱士	**24.4**	♃
責任	**37.2**	♄
分裂	**23.4**	♅
正義	**36.6**	♆
足智多謀	**60.4**	♇

7月

53.4　確保

☽ ▲ 在複雜尷尬的狀況下，依然保有個人的個體性，以確保長治久安，順利發展。
面對混亂的開始，對於如何保有個人的個體性，備感壓力。

♀ ▼ 不斷面對困窘或尷尬的狀況，感覺為難，反倒不能以平常心來對應，造成不好的影響。
獨立的個體往往備感壓力，迫切想開始，卻創造出尷尬，甚至困窘的處境。

♂59 ䷀
00:37　☽3 ䷀
01:25
☽27 ䷀
11:33
Tuesday, July 11
midnight
22　　　4　　6　　8　　10　　12　　14
2023
07/11

53.5

發展
主張

2023/07/11 18:04 TWN

農曆 5/24（二）

| | 3-60 | 突變 |
| 27-50 | 保存 |

日	**53.5**	主張
地	**54.5**	寬大
月	**27.4**	慷慨
北交	**3.5**	受害
南交	**50.5**	一致性
水	**56.5**	吸引注意力
金	▼**29.2**	評定
火	**59.1**	先發制人
木	**24.4**	隱士
⊕土	**37.2**	責任
天	**23.4**	分裂
海	**36.6**	正義
冥	**60.4**	足智多謀

7月

53.5 主張

♆ ▲ 看待世事發展的角度，常賦予深刻精神層面的理解，看透人事物的本質與價值。即使在孤立的階段，仍保有決斷力，堅守方向，這股獨特的力量，足以匯集來自四面八方的支持，連反對者也不例外。

內在的壓力，想搞清楚發展是否有價值，以及不管任何情況之下，是否都具有開始的動力。

⊕ ▼ 太過自信，面對反對與孤立，未顧及如何保有支援，這樣的態度讓反對勢力更盛。

開創的能量，同時也會吸引特定的能量，試圖中止這一切。

☽24 21:47

☽2 08:07

☿31 12:47

2023 07/11

Wednesday, July 12

midnight   4   6   8   10   12   14

22

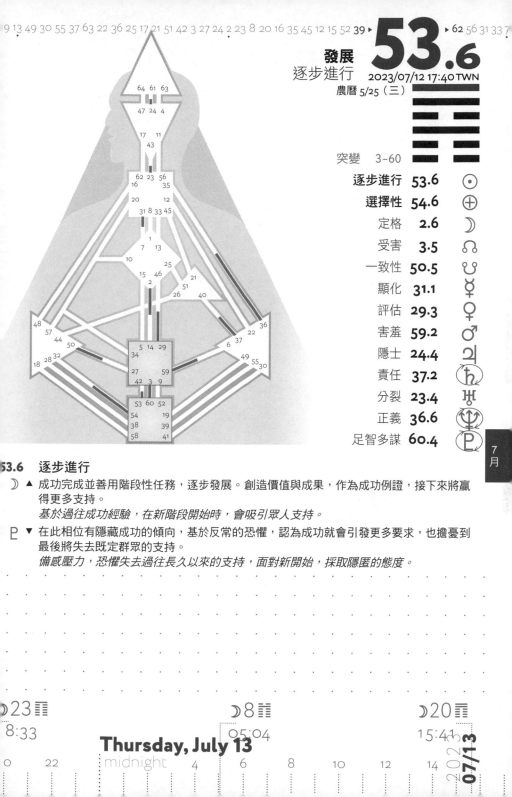

發展
逐步進行

53.6

2023/07/12 17:40 TWN
農曆 5/25（三）

突變　3-60

逐步進行	**53.6**	☉
選擇性	**54.6**	⊕
定格	**2.6**	☽
受害	**3.5**	☊
一致性	**50.5**	☋
顯化	**31.1**	☿
評估	**29.3**	♀
害羞	**59.2**	♂
隱士	**24.4**	♃
責任	**37.2**	♄
分裂	**23.4**	♅
正義	**36.6**	♆
足智多謀	**60.4**	♇

7 月

53.6　逐步進行

☽ ▲ 成功完成並善用階段性任務，逐步發展。創造價值與成果，作為成功例證，接下來將贏得更多支持。
基於過往成功經驗，在新階段開始時，會吸引眾人支持。

♇ ▼ 在此相位有隱藏成功的傾向，基於反常的恐懼，認為成功就會引發更多要求，也擔憂到最後將失去既定群眾的支持。
備感壓力，恐懼失去過往長久以來的支持，面對新開始，採取隱匿的態度。

☽23 ䷿
8:33

☽8 ䷿
05:04

☽20 ䷿
15:41

Thursday, July 13
midnight

0　22　　　4　6　8　10　12　14

2023　07/13

62.1

處理細節的優勢
例行程序

2023/07/13 17:15 TWN

農曆 5/26（四）

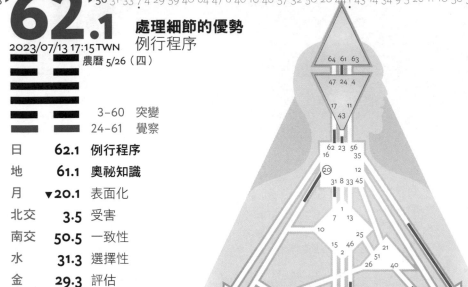

| 3-60 | 突變 |
| 24-61 | 覺察 |

日	**62.1**	例行程序
地	**61.1**	奧祕知識
月	▼**20.1**	表面化
北交	**3.5**	受害
南交	**50.5**	一致性
水	**31.3**	選擇性
金	**29.3**	評估
火	**59.2**	害羞
木	**24.4**	隱士
（土）	**37.1**	母親／父親
天	**23.4**	分裂
（海）	**36.6**	正義
（冥）	**60.4**	足智多謀

7月

62.1 例行程序

♆ ▲ 透過豐富大膽的奇幻人生，超脫無趣的日常生活。
　　有能力透過幻想，重組細節。

♂ ▼ 叛逆，虛擲大把能量。
　　表達的需求，卻忽略了細節。

2023 07/13

22

☽16 ☰
☽35 ☰
02:22
13:07
Friday, July 14
midnight   4   6   8   10   12   14

62.2

處理細節的優勢
抑制 2023/07/14 16:50 TWN
農曆 5/27（五）

突變	3-60
覺察	24-61
無常	35-36

抑制	**62.2**	☉
天生耀眼	**61.2**	⊕
合作	**35.3**	☾
受害	**3.5**	☊
一致性	**50.5**	☿
自以為是	**31.5**	♀
評估	**29.3**	♂
開放	**59.3** ▼	♃
自白	**24.5**	♄
母親／父親	**37.1**	♅
分裂	**23.4**	♆
正義	**36.6**	♇
足智多謀	**60.4**	

7月

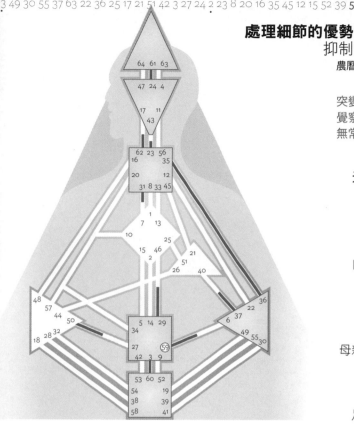

62.2 抑制

♄ ▲ 先天的限制與自律，願意遵從，彰顯克制的本質。
　　工作需要處理大量細節，必須自律。

☿ ▼ 嚴格限制下，聰明才智被壓抑，轉向焦慮不安。
　　面對充滿細節的工作時，表現出焦慮不安。

☾45 ䷀　　　　☾12 ䷀　　　　☿33 ䷀
23:57　　　　10:51　　　　12:10

Saturday, July 15
midnight　　4　　6　　8　　10　　12

20　　22

2023 07/15

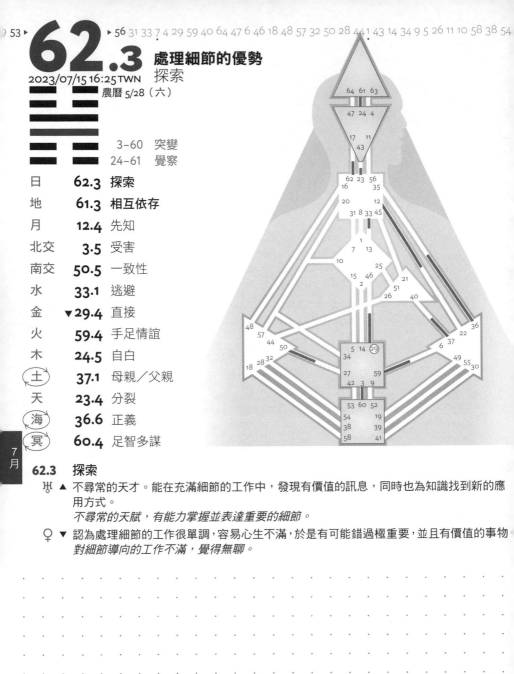

62.3

處理細節的優勢
探索

2023/07/15 16:25 TWN

農曆 5/28（六）

| | 3-60 | 突變 |
| | 24-61 | 覺察 |

日	62.3	探索
地	61.3	相互依存
月	12.4	先知
北交	3.5	受害
南交	50.5	一致性
水	33.1	逃避
金	▼29.4	直接
火	59.4	手足情誼
木	24.5	自白
土	37.1	母親／父親
天	23.4	分裂
海	36.6	正義
冥	60.4	足智多謀

7月

62.3 探索

♅ ▲ 不尋常的天才。能在充滿細節的工作中，發現有價值的訊息，同時也為知識找到新的應用方式。
不尋常的天賦，有能力掌握並表達重要的細節。

♀ ▼ 認為處理細節的工作很單調，容易心生不滿，於是有可能錯過極重要，並且有價值的事物
對細節導向的工作不滿，覺得無聊。

☽15 21:48

☽52 08:49

Sunday, July 16
midnight

2023 07/15

20   22   4   6   8   10   12

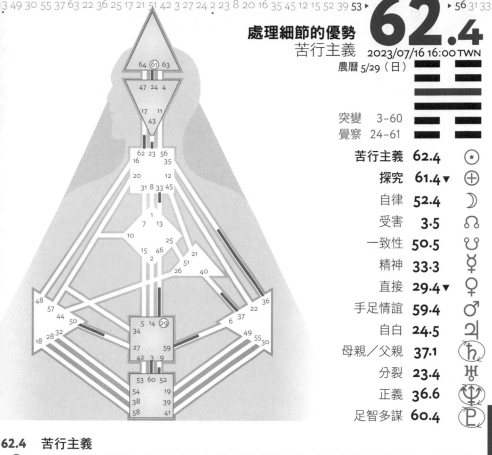

處理細節的優勢
苦行主義

62.4

2023/07/16 16:00 TWN
農曆 5/29（日）

突變　　3-60
覺察　　24-61

苦行主義	**62.4**	☉
探究	**61.4▼**	⊕
自律	**52.4**	☽
受害	**3.5**	☊
一致性	**50.5**	☋
精神	**33.3**	☿
直接	**29.4▼**	♀
手足情誼	**59.4**	♂
自白	**24.5**	♃
母親／父親	**37.1**	♄
分裂	**23.4**	♅
正義	**36.6**	♆
足智多謀	**60.4**	♇

7
月

62.4　苦行主義

♀ ▲ 以苦行的方式撤離，這是完美的方式回歸和諧與簡單。當外界的危險消失了，才有充裕的時間細細思索，追求內在的意義。
所謂的細節，需要花時間，經歷抽離與反思的過程，才能真實表達出來。

♇ ▼ 為了對抗既定的價值觀，想要有所行動，卻受限於環境因素，於是轉為退縮，以等待時機。
靜待細節彙整完畢，而孤立其實是策略，靜待表達的正確時機。

☽39☰
19:54

☽53☰
07:01

Monday, July 17
midnight

3　　20　　22　　　　　4　　6　　8　　10　　12　　2023
07/17

62.5

處理細節的優勢
質變

2023/07/17 15:34 TWN

農曆 5/30（一）

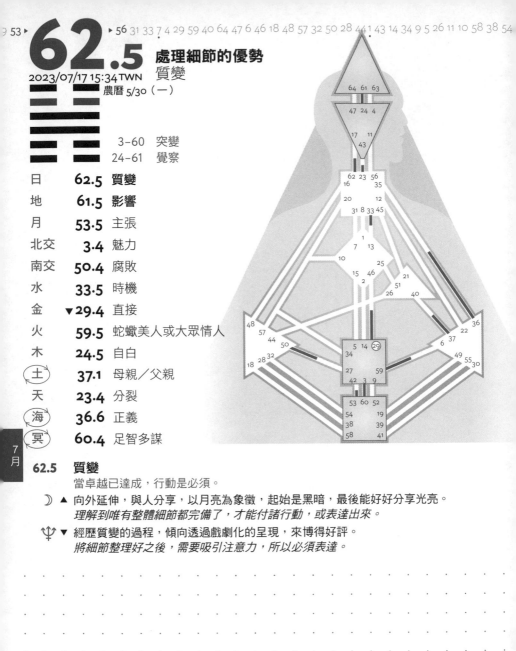

	3–60	突變
	24–61	覺察

日	**62.5**	**質變**
地	**61.5**	**影響**
月	**53.5**	**主張**
北交	**3.4**	魅力
南交	**50.4**	腐敗
水	**33.5**	時機
金	▼**29.4**	直接
火	**59.5**	蛇蠍美人或大眾情人
木	**24.5**	自白
土	**37.1**	母親／父親
天	**23.4**	分裂
海	**36.6**	正義
冥	**60.4**	足智多謀

62.5 質變

當卓越已達成，行動是必須。

☽ ▲ 向外延伸，與人分享，以月亮為象徵，起始是黑暗，最後能好好分享光亮。
理解到唯有整體細節都完備了，才能付諸行動，或表達出來。

♆ ▼ 經歷質變的過程，傾向透過戲劇化的呈現，來博得好評。
將細節整理好之後，需要吸引注意力，所以必須表達。

7月

☽62 18:12

☽56

02:33 05:25

Tuesday, July 18
midnight

2023 07/17

20   22   4   6   8   10   12

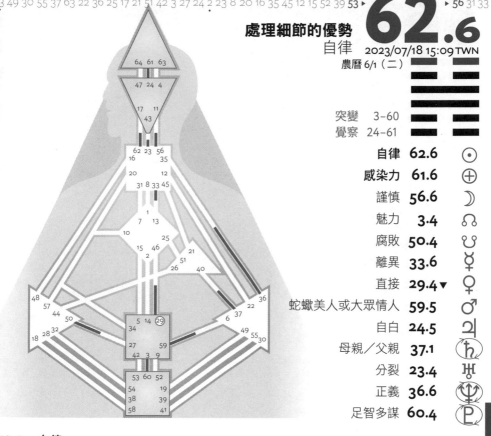

13 49 30 55 37 63 22 36 25 17 21 51 42 3 27 24 2 23 8 20 16 35 45 12 15 52 39 **53** ▶ ▶ **56** 31 33 74

62.6

處理細節的優勢
自律 2023/07/18 15:09 TWN
農曆 6/1（二）

突變 3-60
覺察 24-61

自律	**62.6**	☉
感染力	**61.6**	⊕
謹慎	**56.6**	☽
魅力	**3.4**	☊
腐敗	**50.4**	☋
離異	**33.6**	☿
直接	**29.4**▼	♀
蛇蠍美人或大眾情人	**59.5**	♂
自白	**24.5**	♃
母親／父親	**37.1**	♄
分裂	**23.4**	♅
正義	**36.6**	♆
足智多謀	**60.4**	

62.6 自律

♄ ▲ 省一分錢就是賺一分錢。細節是途徑，通往物質層面的成功。
若要在物質層面取得成功，取決於細節的展現。

☿ ▼ 成功來自技巧，而非紀律。
完成必要的細節才會成功，這是天賦，而非紀律。

7
月

☿7 ▦
15:20
☽31 ▦
16:40
☽33 ▦
03:58

Wednesday, July 19
midnight

18   20   22   4   6   8   10   12

2023
07/19

56.1

2023/07/19 14:43 TWN

農曆 6/2（三）

尋道者
質量

3-60　突變

日	**56.1**	質量
地	**60.1**	接受
月	**33.6**	離異
北交	**3.4**	魅力
南交	**50.4**	腐敗
水 ▼	**7.2**	民主主義者
金	**29.5**	過度擴張
火	**59.6**	一夜情
木	**24.5**	自白
土	**37.1**	母親／父親
天	**23.4**	分裂
海	**36.6**	正義
冥	**60.4**	足智多謀

56.1　質量

☽ ▲ 從務實面考量，即使短期的行動，也應有其價值。
表達有用又有價值的點子。

♂ ▼ 若為了證明自己，就會誤用能量，刻意為了讓人印象深刻，而追求枝微末節。
只想帶來刺激，以至於任何點子，不管多麼微不足道都不放過。

☽7 15:19

☽4 02:41　♂40 05:28　☽29 14:04

Thursday, July 20

2023 07/19

midnight

18　20　22　　4　6　8　10　12

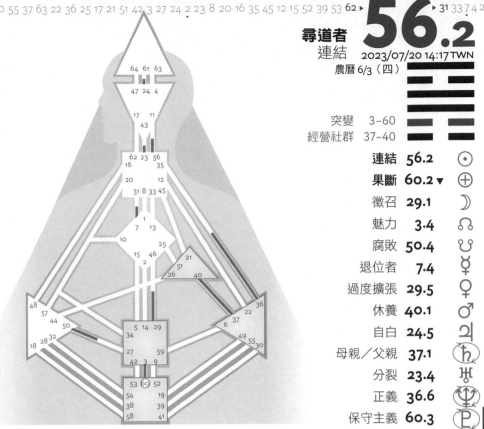

尋道者 # 56.2
連結　　　2023/07/20 14:17 TWN
農曆 6/3（四）

突變	3-60
經營社群	37-40

連結	**56.2**	⊙
果斷	**60.2**▼	⊕
徵召	29.1	☾
魅力	3.4	☊
腐敗	50.4	☋
退位者	7.4	☿
過度擴張	29.5	♀
休養	40.1	♂
自白	24.5	♃
母親／父親	37.1	♄
分裂	23.4	♅
正義	36.6	♆
保守主義	60.3	♇

7月

56.2　連結

♅ ▲ 孤立的天才，終將獲得關注與支持，得以延續。
　　帶來啟發的天才，經由歲月的淬鍊而成熟，需要眾人肯定。

☾ ▼ 空有其表，原本眾所矚目，卻無法滿足期待，最終被迫另做打算。
　　具備溝通的天賦，但深度不足。

☾59 ☰
01:28

☾40 ☷
12:53

Friday, July 21
midnight

56.3

尋道者
疏離

2023/07/21 13:52 TWN

農曆 6/4（五）

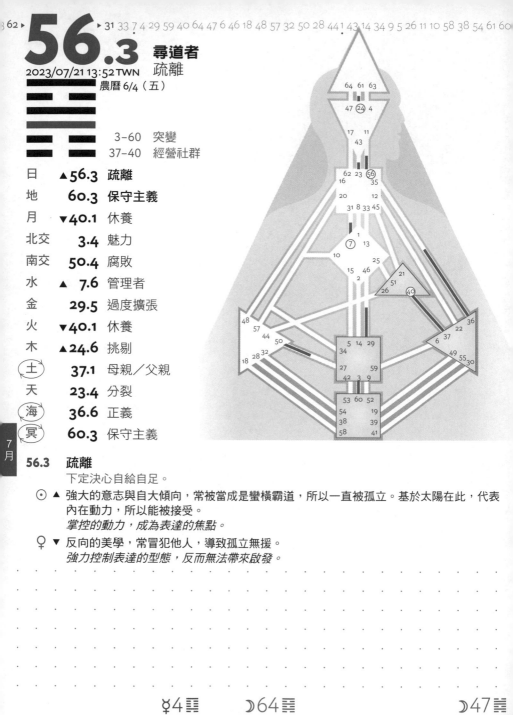

	3–60	突變
	37–40	經營社群

日	▲ **56.3**	疏離
地	**60.3**	保守主義
月	▼**40.1**	休養
北交	**3.4**	魅力
南交	**50.4**	腐敗
水	▲ **7.6**	管理者
金	**29.5**	過度擴張
火	▼**40.1**	休養
木	▲**24.6**	挑剔
土	**37.1**	母親／父親
天	**23.4**	分裂
海	**36.6**	正義
冥	**60.3**	保守主義

7月

56.3 疏離

下定決心自給自足。

☉ ▲ 強大的意志與自大傾向，常被當成是蠻橫霸道，所以一直被孤立。基於太陽在此，代表內在動力，所以能被接受。
掌控的動力，成為表達的焦點。

♀ ▼ 反向的美學，常冒犯他人，導致孤立無援。
強力控制表達的型態，反而無法帶來啟發。

☿4 ☰ 22:59 ☽64 ☰ 00:18 ☽47 ☰ 11:42

Saturday, July 22
midnight

2023 07/21

18 20 22 4 6 8 10

56.4

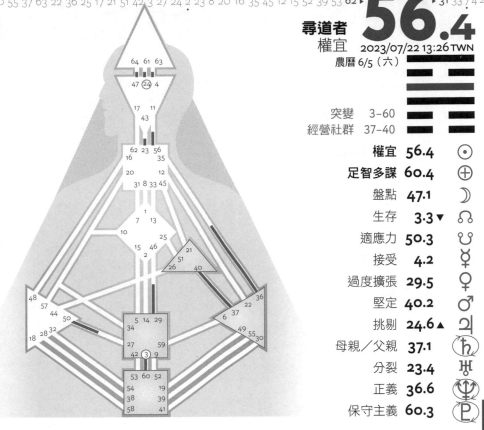

尋道者
權宜 2023/07/22 13:26 TWN
農曆 6/5（六）

突變　　3-60
經營社群　37-40

權宜	**56.4**	☉
足智多謀	**60.4**	⊕
盤點	**47.1**	☽
生存	**3.3▼**	☊
適應力	**50.3**	☋
接受	**4.2**	☿
過度擴張	**29.5**	♀
堅定	**40.2**	♂
挑剔	**24.6▲**	♃
母親／父親	**37.1**	♄
分裂	**23.4**	♅
正義	**36.6**	♆
保守主義	**60.3**	♇

7月

56.4　權宜

☽ ▲ 膚淺的個性也很完美，必要的時候，能掩蓋真實的感受，保護自己，確保安全。
　　天生就能帶來啟發，也適合扮演這樣的角色，因而獲得保護。

☿ ▼ 權衡輕重，選擇利己，而代價就是常常會處於緊繃的狀態下，緊張、焦慮，時時警戒，
　　擔憂會失去已經獲得的一切。
　　現實的角色，害怕沉默，害怕被揭露。

☽6 ䷿
23:04

☽46 ䷬
10:24

Sunday, July 23
midnight

56.5

尋道者
吸引注意力

2023/07/23 12:59 TWN

農曆 6/6（日）大暑

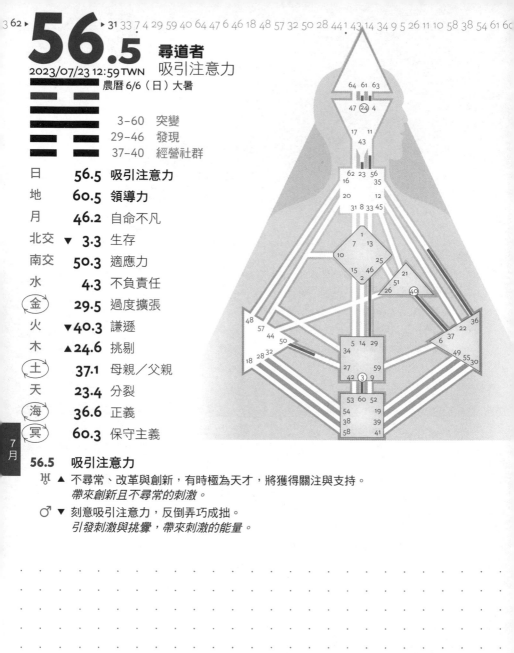

3–60	突變
29–46	發現
37–40	經營社群

日	**56.5**	**吸引注意力**
地	**60.5**	領導力
月	**46.2**	自命不凡
北交	▼ **3.3**	生存
南交	**50.3**	適應力
水	**4.3**	不負責任
金	**29.5**	過度擴張
火	▼**40.3**	謙遜
木	▲**24.6**	挑剔
土	**37.1**	母親／父親
天	**23.4**	分裂
海	**36.6**	正義
冥	**60.3**	保守主義

56.5　吸引注意力

♅ ▲ 不尋常、改革與創新，有時極為天才，將獲得關注與支持。
　　帶來創新且不尋常的刺激。

♂ ▼ 刻意吸引注意力，反倒弄巧成拙。
　　引發刺激與挑釁，帶來刺激的能量。

☽18 ䷀
21:40

☾48 ䷀
08:53

Monday, July 24
midnight　　4　　6　　8　　10

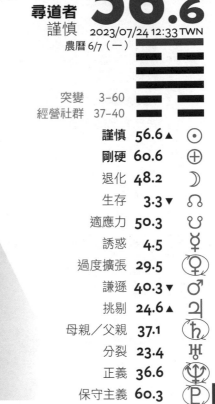

尋道者 # 56.6

謹慎 **2023/07/24 12:33 TWN**

農曆 6/7（一）

突變	3-60	
經營社群	37-40	

謹慎	**56.6▲**	☉
剛硬	**60.6**	⊕
退化	**48.2**	☽
生存	**3.3▼**	☊
適應力	**50.3**	☋
誘惑	**4.5**	☿
過度擴張	**29.5**	♀
謙遜	**40.3▼**	♂
挑剔	**24.6▲**	♃
母親／父親	**37.1**	♄
分裂	**23.4**	♅
正義	**36.6**	♆
保守主義	**60.3**	♇

7月

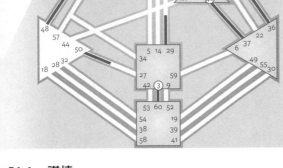

56.6 謹慎

☉ ▲ 態度謹慎，因為建立連結之後，承諾就要履行，根基才不會動搖。
　　誠實表達，言出必行。

♇ ▼ 無自覺的浪子，對外渴求認同，卻無意識流露出需索的能量，卻總是被拒絕。若沒沒無
　　名，又無法以想像的方式來取得認同，就會處境艱難。
　　遊蕩一生，不斷以各種方式來展現自己，卻找不到此生的志業。

☽57   ☽32   ☿29

20:00   07:02   11:58

Tuesday, July 25

midnight

16   18   20   22   4   6   8

2023 07/25

閘門和爻的關鍵字索引

閘門	關鍵字	1爻 基礎	2爻 本質
1	創意	創意獨立於意志之外	愛是光
2	接納	直覺	天才
3	凡事起頭難	綜合	未成熟
4	血氣方剛的愚者	愉悅	接受
5	等待	毅力	內在的和平
6	衝突	隱退	游擊隊
7	軍隊	獨裁主義者	民主主義者
8	凝聚在一起	誠實	服務
9	處理細節的能力	感性	同病相憐
10	前進	謙遜	隱士
11	和平	和調	嚴格
12	靜止不動	修道士、僧侶	淨化
13	夥伴關係	同理	偏執
14	執著於衡量	金錢非萬能	管理
15	謙遜	職責	影響
16	熱忱	妄想	憤世嫉俗的人
17	跟隨	開放	歧視
18	找出錯誤之處	保守主義	絕症
19	靠攏	相互依存	服務
20	注視	表面化	獨斷者
21	奮勇前進	警告	強權即公理
22	優雅	次等艙	禮儀學校
23	裂開	傳教	自我防衛
24	回歸	疏忽之罪	認可
25	天真	無私	存在主義者
26	偉大的馴服力	一鳥在手	歷史的教訓
27	滋養	自私	自給自足
28	偉大	準備	與魔鬼握手

：整合	4爻 傳訊	5爻 誘惑	6爻 超越
創作的能量	孤獨為創造力之媒介	吸引社會大眾的能量	客觀性
主	隱匿	靈活應用	定格
乏	魅力	受害	臣服
責任	騙子	誘惑	超越
症	獵人	喜悅	屈服
戈	勝利	仲裁	調停者
奴府主義者	退位者	將軍	管理者
艮	尊重	達摩	交誼
駱駝的最後一根稻草	奉獻	相信	感激
：	機會主義者	異端者	人生典範
實主義者	老師	慈善家	適應力
日	先知	實用主義者	質變
現主義	疲累	救世主	樂天派
巧	安全	傲慢	謙遜
膨脹	壁花	敏感性	自我防衛
乙	領導者	聖誕怪傑	輕信
罕	人事經理	無人是孤島	菩薩
分子	無能	治療	成佛
術	團隊合作	犧牲	遁世者
覺知	應用	現實主義	智慧
力	策略	客觀性	混亂
師	敏感度	直接	成熟
性	分裂	同化	融合
者	隱士	自白	挑剔
生	生存	休養	無知
罕	審查	適應力	權威
荼	慷慨	執行者	警惕
主義	堅持	背叛	榮耀之光

閘門	關鍵字	1爻 基礎	2爻 本質
29	深淵	徵召	評定
30	燃燒的火焰	沉著	實用主義
31	影響	顯化	傲慢
32	持久	保存	抑制
33	隱退	逃避	臣服
34	強大的能量	霸凌	氣勢
35	進展	謙遜	創意空窗期
36	幽暗之光	抗拒	支持
37	家庭	母親／父親	責任
38	對抗	素質	彬彬有禮
39	阻礙	脫離	對抗
40	遞送	休養	堅定
41	減少	合理	謹慎
42	增加	多樣化	識別
43	突破	耐性	奉獻
44	聚合	制約	管理
45	聚集在一起	遊說	共識
46	推進	在發現的過程中	自命不凡
47	壓抑	盤點	野心
48	井	微不足道	退化
49	革命	必要性法則	最終手段
50	熔爐	移民	決斷力
51	激起	參考	退縮
52	維持不動（山）	先思而後言	關心
53	發展	累積	氣勢
54	少女出嫁	影響	謹慎
55	豐盛	合作	不信任
56	尋道者	質量	連結

整合	4爻 傳訊	5爻 誘惑	6爻 超越
	直接	過度擴張	困惑
	精疲力竭	諷刺	強制
性	意圖	自以為是	應用
連續性	公理即強權	彈性	安然以對
	尊嚴	時機	離異
氣概	勝利	殲滅	常識
	渴望	利他主義	矯正
	間諜活動	祕密的	正義
對待	以身作則	愛	目的
	調查	疏離	誤解
	節制	專心致志	解決麻煩者
	組織	剛硬	撤職
	修正	授權	感染
錯誤	中間人	自我實現	培育
	死腦筋	進展	突破
	誠實	操作	超然
在外	方向	領導力	重新審視
	影響	步調	誠信
壓抑	鎮壓	聖人	徒勞無功
監禁	重建	行動	自我滿足
	平台	組織	吸引力
力	腐敗	一致性	領導力
	極限	對稱	分割
	自律	解釋	平和
	確保	主張	逐步進行
關係	啟蒙／無明	寬大	選擇性
	同化	成長	自私
	權宜	吸引注意力	謹慎

閘門	關鍵字	1爻 基礎	2爻 本質
57	溫和	困惑	淨化
58	喜悅	生命之愛	變態
59	分散	先發制人	害羞
60	限制	接受	果斷
61	內在真理	奧祕知識	天生耀眼
62	處理細節的優勢	例行程序	抑制
63	完成之後	沉著	結構
64	完成之前	制約	素質

曼陀羅輪軸上，對向閘門和座落的等分

1｜2	17｜18	33｜19	49｜4
2｜1	18｜17	34｜20	50｜3
3｜50	19｜33	35｜5	51｜57
4｜49	20｜34	36｜6	52｜58
5｜35	21｜48	37｜40	53｜54
6｜36	22｜47	38｜39	54｜53
7｜13	23｜43	39｜38	55｜59
8｜14	24｜44	40｜37	56｜60
9｜16	25｜46	41｜31	57｜51
10｜15	26｜45	42｜32	58｜52
11｜12	27｜28	43｜23	59｜55
12｜11	28｜27	44｜24	60｜56
13｜7	29｜30	45｜26	61｜62
14｜8	30｜29	46｜25	62｜61
15｜10	31｜41	47｜22	63｜64
16｜9	32｜42	48｜21	64｜63

■初始
■文明
■二元性
■突變

整合	4爻 傳訊	5爻 誘惑	6爻 超越
	指導者	進展	使用
	調焦	防禦	忘形
	手足情誼	蛇蠍美人或大眾情人	一夜情
主義	足智多謀	領導力	剛硬
依存	探究	影響	感染力
	苦行主義	質變	自律
	記憶	肯定	懷舊之情
膨脹	信念	承諾	勝利

閘門所屬的迴路群

體人 覺知迴路	17 社會人 理解迴路	33 社會人 感知迴路	49 家族人 意志力迴路
體人 覺知迴路	18 社會人 理解迴路	34 個體人 中央迴路／整合型	50 家族人 防護迴路
體人 覺知迴路	19 家族人 意志力迴路	35 社會人 感知迴路	51 個體人 中央迴路
會人 理解迴路	20 個體人 覺知迴路／整合型	36 社會人 感知迴路	52 社會人 理解迴路
會人 理解迴路	21 家族人 意志力迴路	37 家族人 意志力迴路	53 社會人 感知迴路
族人 防護迴路	22 個體人 覺知迴路	38 個體人 覺知迴路	54 家族人 意志力迴路
會人 理解迴路	23 個體人 覺知迴路	39 個體人 覺知迴路	55 個體人 覺知迴路
體人 覺知迴路	24 個體人 覺知迴路	40 家族人 意志力迴路	56 社會人 感知迴路
會人 理解迴路	25 個體人 中央迴路	41 社會人 感知迴路	57 個體人 覺知迴路／整合型
體人 中央迴路／整合型	26 家族人 意志力迴路	42 社會人 感知迴路	58 社會人 理解迴路
會人 感知迴路	27 家族人 防護迴路	43 個體人 覺知迴路	59 家族人 防護迴路
體人 覺知迴路	28 個體人 覺知迴路	44 家族人 意志力迴路	60 個體人 覺知迴路
會人 感知迴路	29 社會人 感知迴路	45 家族人 意志力迴路	61 個體人 覺知迴路
體人 覺知迴路	30 社會人 感知迴路	46 社會人 感知迴路	62 社會人 理解迴路
會人 理解迴路	31 社會人 理解迴路	47 社會人 感知迴路	63 社會人 理解迴路
會人 理解迴路	32 家族人 意志力迴路	48 社會人 理解迴路	64 社會人 感知迴路

通道與閘門索引

閘門	閘門的關鍵字	對應閘門	對應閘門的關鍵字	通道	關鍵字
1	創意／自我表達	8	凝聚在一起／貢獻	1-8	啟發／創意的典範
2	接納／自我方向	14	執著於衡量／強而有力的技能	2-14	脈動／掌管鑰匙的人
3	凡事起頭難／秩序	60	限制／接受	3-60	突變／能量開始與流動，脈搏
4	血氣方剛的愚者／公式化	63	完成之後／懷疑	4-63	邏輯／頭腦充滿疑惑
5	等待／固定模式	15	謙遜／極端	5-15	韻律／順流
6	衝突／摩擦	59	分散／性	6-59	親密／專注於生產
7	軍隊／自我角色	31	影響力／領導	7-31	創始者／不論好壞，領導
8	凝聚在一起／貢獻	1	創意／自我表達	8-1	啟發／創意的典範
9	處理細節的能力／專注	52	發展／開始	9-52	專心／專注
10	前進／自我行為	20	注視／當下	10-20	覺醒／承諾去追尋更高真
10	前進／自我行為	34	強大的能量／力量	10-34	探索／遵從自己的信念
10	前進／自我行為	57	溫和／直覺的清晰	10-57	完美形式／求存
11	和平／新想法	56	尋道者／刺激	11-56	好奇／追尋者
12	靜止不動／謹慎	22	優雅／開放	12-22	開放／社交人
13	夥伴關係／聆聽者	33	隱退／隱私	13-33	足智多謀／見證者
14	執著於衡量／強而有力的技能	2	接納／自我方向	14-2	脈動／掌管鑰匙的人
15	謙遜／極端	5	等待／固定模式	15-5	韻律／順流
16	熱忱／技能	48	井／深度	16-48	波長／才華
17	跟隨／意見	62	處理細節的優勢／細節	17-62	接受／組織化的人
18	找出錯誤之處／修正	58	喜悅／活力	18-58	批評／不知足
19	靠攏／想要	49	革命／拒絕	19-49	整合綜效／敏感
20	注視／當下	10	前進／自我行為	20-10	覺醒／承諾去追尋更高真
20	注視／當下	34	強大的能量／力量	20-34	魅力／即知即行
20	注視／當下	57	溫和／直覺的清晰	20-57	腦波／滲透性的覺知
21	奮勇前進／獵人、女獵人	45	聚集在一起／收集者	21-45	金錢線／唯物主義者
22	優雅／開放	12	靜止不動／謹慎	22-12	開放／社交人
23	裂開／同化	43	突破／洞見	23-43	架構／個體性（天才到瘋子
24	回歸／合理化	61	內在真理／神祕	24-61	覺察／思考者
25	天真／自我精神	51	激起／衝擊	25-51	發起／想要成為第一人
26	偉大的馴服力／利己主義者	44	聚合／警覺	26-44	投降／傳遞訊息
27	滋養／照顧	50	熔爐／價值	27-50	保存／監護人
28	偉大／玩家	38	對抗／戰士	28-38	困頓掙扎／頑固
29	深淵／毅力	46	推進／自我決心	29-46	發現／好勝心強
30	燃燒的火焰／感覺	41	減少／收縮	30-41	夢想家／充滿能量
31	影響力／領導	7	軍隊／自我角色	31-7	創始者／不論好壞，領導
32	持久／連續	54	少女出嫁／野心	32-54	蛻變／自我驅動

閘門	閘門的關鍵字	對應閘門	對應閘門的關鍵字	通道	關鍵字
33	隱退／隱私	13	夥伴關係／聆聽者	33-13	足智多謀／見證者
34	強大的能量／力量	10	前進／自我行為	34-10	探索／遵從自己的信念
34	強大的能量／力量	20	注視／當下	34-20	魅力／即知即行
34	強大的能量／力量	57	溫和／直覺的清晰	34-57	力量／人的原型
35	進展／改變	36	幽暗之光／危機	35-36	無常／雜而不精
36	幽暗之光／危機	35	進展／改變	36-35	無常／雜而不精
37	家庭／友誼	40	遞送／單獨	37-40	經營社群／凝聚與歸屬感
38	對抗／戰士	28	偉大／玩家	38-28	困頓掙扎／頑固
39	阻礙／挑釁	55	豐盛／精神	39-55	情緒／多愁善感
40	遞送／單獨	37	家庭／友誼	40-37	經營社群／凝聚與歸屬感
41	減少／收縮	30	燃燒的火焰／感覺	41-30	夢想家／充滿能量
42	增加／成長	53	發展／開始	42-53	成熟／平衡發展
43	突破／洞見	23	裂開／同化	43-23	架構／個體性（天才到瘋子）
44	聚合／警覺	26	偉大的馴服力／利己主義者	44-26	投降／傳遞訊息
45	聚集在一起／收集者	21	奮勇前進／獵人、女獵人	45-21	金錢線／唯物主義者
46	推進／自我決心	29	燃燒的火焰／感覺	46-29	發現／好勝心強
47	壓抑／了解	64	完成之前／困惑	47-64	抽象／腦中充滿著疑惑與解答
48	井／深度	16	熱忱／技能	48-16	波長／才華
49	革命／拒絕	19	靠攏／想要	49-19	整合綜效／敏感
50	熔爐／價值	27	滋養／照顧	50-27	保存／監護人
51	激起／衝擊	25	天真／自我精神	51-25	發起／想要成為第一人
52	維持不動（山）／靜止	9	處理細節的能力／專注	52-9	專心／專注
53	發展／開始	42	增加／成長	53-42	成熟／平衡發展
54	少女出嫁／野心	32	持久／連續	54-32	蛻變／自我驅動
55	豐盛／精神	39	阻礙／挑釁	55-39	情緒／多愁善感
56	尋道者／刺激	11	和平／新想法	56-11	好奇／追尋者
57	溫和／直覺的清晰	10	前進／自我行為	57-10	完美形式／求存
57	溫和／直覺的清晰	20	注視／當下	57-20	腦波／滲透性的覺知
57	溫和／直覺的清晰	34	強大的能量／力量	57-34	力量／人的原型
58	喜悅／活力	18	找出錯誤之處／修正	58-18	批評／不知足
59	分散／性	6	衝突／摩擦	59-6	親密／專注於生產
60	限制／接受	3	凡事起頭難／秩序	60-3	突變／能量開始與流動，脈搏
61	內在真理／神祕	24	回歸／合理化	61-24	覺察／思考者
62	處理細節的優勢／細節	17	跟隨／意見	62-17	接受／組織化的人
63	完成之後／懷疑	4	血氣方剛的愚者／公式化	63-4	邏輯／頭腦充滿疑惑
64	完成之前／困惑	47	壓抑／了解	64-47	抽象／腦中充滿著疑惑與解答

輪迴交叉索引

閘門（卦）	爻	關鍵字	幾何軌跡	個性－設計
1 ☰	**1, 2, 3, 4**	人面獅身(4)	右角度	1|2－7|13
	4	自我表達	並列	1|2－4|49
	5, 6	挑戰(2)	左角度	1|2－4|49
2 ☷	**1, 2, 3, 4**	人面獅身(2)	右角度	2|1－13|7
	4	駕馭	並列	2|1－49|4
	5, 6	挑戰	左角度	2|1－49|4
3 ☳	**1, 2, 3, 4**	律法	右角度	3|50－60|5
	4	突變	並列	3|50－41|31
	5, 6	希望	左角度	3|50－41|31
4 ☶	**1, 2, 3, 4**	解釋(3)	右角度	4|49－23|43
	4	公式化	並列	4|49－8|14
	5, 6	革命(2)	左角度	4|49－8|14
5 ☵	**1, 2, 3, 4**	意識(4)	右角度	5|35－64|63
	4	習慣	並列	5|35－47|22
	5, 6	分離(2)	左角度	5|35－47|22
6 ☱	**1, 2, 3, 4**	伊甸園(3)	右角度	6|36－12|11
	4	衝突	並列	6|36－15|10
	5, 6	飛機(2)	左角度	6|36－15|10
7 ☴	**1, 2, 3, 4**	人面獅身(3)	右角度	7|13－2|1
	4	互相影響	並列	7|13－23|43
	5, 6	面具(2)	左角度	7|13－23|43
8 ☲	**1, 2, 3, 4**	傳染(2)	右角度	8|14－30|29
	4	貢獻	並列	8|14－55|59
	5, 6	不確定(2)	左角度	8|14－55|59
9 ☴	**1, 2, 3, 4**	計畫(4)	右角度	9|16－40|37
	4	聚焦	並列	9|16－64|63
	5, 6	指認(2)	左角度	9|16－64|63
10 ☰	**1, 2, 3, 4**	愛之船(4)	右角度	10|15－46|25
	4	行為	並列	10|15－18|17
	5, 6	預防(2)	左角度	10|15－18|17

門（卦）	爻	關鍵字	幾何軌跡	個性－設計
☶	1, 2, 3, 4	伊甸園(4)	右角度	11|12－6|36
	4	想法	並列	11|12－46|25
	5, 6	教育(2)	左角度	11|12－46|25
☶	1, 2, 3, 4	伊甸園(2)	右角度	12|11－36|6
	4	發聲	並列	12|11－25|46
	5, 6	教育	左角度	12|11－25|46
☶	1, 2, 3, 4	人面獅身	右角度	13|7－1|2
	4	傾聽	並列	13|7－43|23
	5, 6	面具	左角度	13|7－43|23
☶	1, 2, 3, 4	傳染(4)	右角度	14|8－29|30
	4	激勵	並列	14|8－59|55
	5, 6	不確定(2)	左角度	14|8－59|55
☶	1, 2, 3, 4	愛之船(2)	右角度	15|10－25|46
	4	極端	並列	15|10－17|18
	5, 6	預防	左角度	15|10－17|18
☶	1, 2, 3, 4	計畫(2)	右角度	16|9－37|40
	4	實驗	並列	16|9－63|64
	5, 6	指認	左角度	16|9－63|64
☶	1, 2, 3, 4	服務	右角度	17|18－58|52
	4	意見	並列	17|18－38|39
	5, 6	動盪	左角度	17|18－38|39
☶	1, 2, 3, 4	服務(3)	右角度	18|17－52|58
	4	修正	並列	18|17－39|38
	5, 6	動盪(2)	左角度	18|17－39|38
☶	1, 2, 3, 4	四方之路(4)	右角度	19|33－44|24
	4	需要	並列	19|33－1|2
	5, 6	精緻(2)	左角度	19|33－1|2

閘門（卦）	爻	關鍵字	幾何軌跡	個性–設計
20	**1, 2, 3, 4**	沉睡的鳳凰(2)	右角度	20|34–55|59
	4	當下	並列	20|34–37|4
	5, 6	二元性	左角度	20|34–37|4
21	**1, 2, 3, 4**	張力	右角度	21|48–38|3
	4	控制	並列	21|48–54|5
	5, 6	努力	左角度	21|48–54|5
22	**1, 2, 3, 4**	統領	右角度	22|47–26|4
	4	優雅	並列	22|47–11|12
	5, 6	告知	左角度	22|47–11|12
23	**1, 2, 3, 4**	解釋(2)	右角度	23|43–49|4
	4	同化	並列	23|43–30|2
	5, 6	奉獻	左角度	23|43–30|2
24	**1, 2, 3, 4**	四方之路	右角度	24|44–19|33
	4	體悟	並列	24|44–13|7
	5, 6	輪迴	左角度	24|44–13|7
25	**1, 2, 3, 4**	愛之船	右角度	25|46–10|15
	4	天真	並列	25|46–58|5
	5, 6	療癒	左角度	25|46–58|5
26	**1, 2, 3, 4**	統領(4)	右角度	26|45–47|22
	4	魔術師	並列	26|45–6|36
	5, 6	衝突(2)	左角度	26|45–6|36
27	**1, 2, 3, 4**	不預期	右角度	27|28–41|31
	4	照顧	並列	27|28–19|33
	5, 6	校準	左角度	27|28–19|33
28	**1, 2, 3, 4**	不預期(3)	右角度	28|27–31|41
	4	風險	並列	28|27–33|19
	5, 6	校準(2)	左角度	28|27–33|19

（卦）	爻	關鍵字	幾何軌跡	個性 – 設計
	1, 2, 3, 4	傳染(3)	右角度	29|30 – 8|14
	4	承諾	並列	29|30 – 20|34
	5, 6	勤奮(2)	左角度	29|30 – 20|34
	1, 2, 3, 4	傳染	右角度	30|29 – 14|8
	4	命運	並列	30|29 – 34|20
	5, 6	勤奮	左角度	30|29 – 34|20
	1, 2, 3, 4	不預期(2)	右角度	31|41 – 27|28
	4	影響	並列	31|41 – 24|44
	5, 6	創始者	左角度	31|41 – 24|44
	1, 2, 3, 4	馬雅(3)	右角度	32|42 – 62|61
	4	保存	並列	32|42 – 56|60
	5, 6	限制(2)	左角度	32|42 – 56|60
	1, 2, 3, 4	四方之路(2)	右角度	33|19 – 24|44
	4	隱私	並列	33|19 – 2|1
	5, 6	精緻	左角度	33|19 – 2|1
	1, 2, 3, 4	沉睡的鳳凰(4)	右角度	34|20 – 59|55
	4	力量	並列	34|20 – 40|37
	5, 6	二元性(2)	左角度	34|20 – 40|37
	1, 2, 3, 4	意識(2)	右角度	35|5 – 63|64
	4	經驗	並列	35|5 – 22|47
	5, 6	分離	左角度	35|5 – 22|47
	1, 2, 3, 4	伊甸園	右角度	36|6 – 11|12
	4	危機	並列	36|6 – 10|15
	5, 6	飛機	左角度	36|6 – 10|15
	1, 2, 3, 4	計畫	右角度	37|40 – 9|16
	4	交易	並列	37|40 – 5|35
	5, 6	遷移	左角度	37|40 – 5|35

閘門（卦）	爻	關鍵字	幾何軌跡	個性－設計
38	**1, 2, 3, 4**	張力(4)	右角度	38|39－48|2
	4	對抗	並列	38|39－57|5
	5, 6	個人主義(2)	左角度	38|39－57|5
39	**1, 2, 3, 4**	張力(2)	右角度	39|38－21|4
	4	挑釁	並列	39|38－51|5
	5, 6	個人主義	左角度	39|38－51|5
40	**1, 2, 3, 4**	計畫(3)	右角度	40|37－16|9
	4	拒絕	並列	40|37－35|5
	5, 6	遷移(2)	左角度	40|37－35|5
41	**1, 2, 3, 4**	不預期(4)	右角度	41|31－28|2
	4	幻想	並列	41|31－44|2
	5, 6	創始者(2)	左角度	41|31－44|2
42	**1, 2, 3, 4**	馬雅	右角度	42|32－61|6
	4	完成	並列	42|32－60|5
	5, 6	限制	左角度	42|32－60|5
43	**1, 2, 3, 4**	解釋(4)	右角度	43|23－4|49
	4	洞見	並列	43|23－29|3
	5, 6	奉獻(2)	左角度	43|23－29|3
44	**1, 2, 3, 4**	四方之路(3)	右角度	44|24－33|19
	4	警覺	並列	44|24－7|13
	5, 6	輪迴(2)	左角度	44|24－7|13
45	**1, 2, 3, 4**	統領(2)	右角度	45|26－22|4
	4	所有權	並列	45|26－36|6
	5, 6	衝突	左角度	45|26－36|6
46	**1, 2, 3, 4**	愛之船(3)	右角度	46|25－15|10
	4	因緣俱足	並列	46|25－52|58
	5, 6	療癒(2)	左角度	46|25－52|58

門（卦）	爻	關鍵字	幾何軌跡	個性－設計
☷	1, 2, 3, 4	統領(3)	右角度	47|22－45|26
	4	壓抑	並列	47|22－12|11
	5, 6	告知(2)	左角度	47|22－12|11
☷	1, 2, 3, 4	張力(3)	右角度	48|21－39|38
	4	深度	並列	48|21－53|54
	5, 6	努力(2)	左角度	48|21－53|54
☷	1, 2, 3, 4	解釋	右角度	49|4－43|23
	4	原則	並列	49|4－14|8
	5, 6	革命	左角度	49|4－14|8
☷	1, 2, 3, 4	律法(3)	右角度	50|3－56|60
	4	價值	並列	50|3－31|41
	5, 6	希望(2)	左角度	50|3－31|41
☷	1, 2, 3, 4	滲透	右角度	51|57－54|53
	4	驚嚇	並列	51|57－61|62
	5, 6	號角	左角度	51|57－61|62
☷	1, 2, 3, 4	服務(2)	右角度	52|58－17|18
	4	靜止	並列	52|58－21|48
	5, 6	要求	左角度	52|58－21|48
☷	1, 2, 3, 4	滲透(2)	右角度	53|54－51|57
	4	開始	並列	53|54－42|32
	5, 6	循環	左角度	53|54－42|32
☷	1, 2, 3, 4	滲透(4)	右角度	54|53－57|51
	4	抱負	並列	54|53－32|42
	5, 6	循環(2)	左角度	54|53－32|42
☷	1, 2, 3, 4	沉睡的鳳凰	右角度	55|59－34|20
	4	情緒	並列	55|59－9|16
	5, 6	靈魂	左角度	55|59－9|16

閘門（卦）	爻	關鍵字	幾何軌跡	個性－設計
56	1, 2, 3, 4	律法(2)	右角度	56|60－3|50
	4	刺激	並列	56|60－27|28
	5, 6	分心	左角度	56|60－27|28
57	1, 2, 3, 4	滲透(3)	右角度	57|51－53|54
	4	直覺	並列	57|51－62|61
	5, 6	號角(2)	左角度	57|51－62|61
58	1, 2, 3, 4	服務(4)	右角度	58|52－18|17
	4	活力	並列	58|52－48|21
	5, 6	要求(2)	左角度	58|52－48|21
59	1, 2, 3, 4	沉睡的鳳凰(3)	右角度	59|55－20|4
	4	策略	並列	59|55－16|9
	5, 6	靈魂(2)	左角度	59|55－16|9
60	1, 2, 3, 4	律法(4)	右角度	60|56－50|3
	4	限制	並列	60|56－28|27
	5, 6	分心(2)	左角度	60|56－28|27
61	1, 2, 3, 4	馬雅(4)	右角度	61|62－32|42
	4	思考	並列	61|62－50|3
	5, 6	朦朧(2)	左角度	61|62－50|3
62	1, 2, 3, 4	馬雅(2)	右角度	62|61－42|32
	4	細節	並列	62|61－3|50
	5, 6	朦朧	左角度	62|61－3|50
63	1, 2, 3, 4	意識	右角度	63|64－5|35
	4	懷疑	並列	63|64－26|45
	5, 6	支配	左角度	63|64－26|45
64	1, 2, 3, 4	意識(3)	右角度	64|63－35|5
	4	困惑	並列	64|63 － 45|2
	5, 6	支配(2)	左角度	64|63－45|26

心|視野　心視野系列108

2023 年人類圖覺察日誌
2022 年 12 月 31 日～ 2023 年 7 月 24 日
Pro-Liner HD 2023

作　　　　　者	拉·烏盧·胡（Ra Uru Hu）、安娜·查里科娃（Anna Charykova）、尼奇塔·潘克維奇（Nikita Pankevich）
譯　　　　　者	喬宜思（Joyce Huang）
封 面 設 計	FE 工作室
內 文 排 版	黃雅芬
行 銷 企 劃	陳豫萱·陳可錞
出版二部總編輯	林俊安

出　版　者	采實文化事業股份有限公司
業 務 發 行	張世明·林踏欣·林坤蓉·王貞玉
國 際 版 權	鄒欣穎·施維真
印 務 採 購	曾玉霞·謝素琴
會 計 行 政	李韶婉·許俶瑪·張婕莛
法 律 顧 問	第一國際法律事務所　余淑杏律師
電 子 信 箱	acme@acmebook.com.tw
采 實 官 網	www.acmebook.com.tw
采 實 臉 書	www.facebook.com/acmebook01

I　S　B　N	978-626-349-028-4
套 書 定 價	1290 元
初 版 一 刷	2022 年 11 月
劃 撥 帳 號	50148859
劃 撥 戶 名	采實文化事業股份有限公司
	104 台北市中山區南京東路二段 95 號 9 樓
	電話：(02)2511-9798　傳真：(02)2571-3298

國家圖書館出版品預行編目資料

2023 年人類圖覺察日誌/拉·烏盧·胡（Ra Uru Hu）、安娜·查里科娃（Anna Charykova）、尼奇塔·潘克維奇（Nikita Pankevich）著；喬宜思（Joyce Huang）譯 . – 台北市：采實文化事業股份有限公司, 2022.11

240 面；14.8×21 公分 . --（心視野系列；108）

譯自：Pro-Liner HD 2023

ISBN 978-626-349-028-4（全套：平裝）

1. CST: 占星術 2. CST: 自我實現

292.22　　　　　　　　　　　　　　　　　111015639